Ilse Puchner-Lahofer

Lebenswege

Verlegt bei „Edition Neue Wege“
A 3482 Gösing am Wagram, Hauptstr. 47
Tel. & Fax: (+43) 02738/8760
E-Mail: edition.neue.wege@speed.at
Online-shop: www.edition-weinviertel.at

1. Auflage 2013

ISBN 978-3-902061-23-2

Text	Ilse Puchner-Lahofer
Fotos	Ilse Puchner-Lahofer
Grafische Gestaltung	Heidemarie Lahofer
Druck und Bindung	Druckerei Paul Gerin, 2120 Wolkersdorf

edition
NEUE WEGE

Lebenswege

… liebevoll durch die Linse betrachtet ...

… herzlich von Ilse erzählt ...

... meinen Eltern gewidmet.

Inhalt

Vorwort

„In diesem Buch geht die Weinviertler Autorin Ilse Puchner-Lahofer mit uns Leserinnen und Lesern einen langen Weg vom ersten Kontakt eines erkrankten Kindes mit der Welt von Spitälern und liebevoller Pflege über persönliche Erlebnisse mit Trauer und Verlust bis hin zu ihrer Entscheidung, anderen Menschen, die in den letzten Lebensabschnitt eingetreten sind, Sterbebegleitung zu schenken.

Zu so einer ehrenamtlichen Tätigkeit gehört die Bereitschaft, viel von der eigenen Persönlichkeit, Zeit und Kraft für Mitmenschen einzusetzen, aber auch behutsam mit eigenen Fähigkeiten und Grenzen umzugehen. Ilse Puchner-Lahofer weist zu Recht darauf hin, dass diese Erfahrungen sehr belastend, jedoch auch bereichernd sein können. Nicht zuletzt werden fachliche Hinweise und Lebensweisheiten aus der Region Weinviertel zu Anregungen verknüpft, die neugierig darauf machen, ob vielleicht jemand unter den Leserinnen und Lesern einen ähnlichen Weg gehen möchte.

Ich danke Ilse Puchner-Lahofer für ihr persönliches Engagement und ihre professionelle Arbeit in diesem Bereich. Sie ist mit ihrem Engagement und ihrer Nächstenliebe Vorbild für uns alle. In diesem Sinne wünsche ich ihr weiterhin viel Kraft und alles Gute für die Zukunft.“

Landesrat Mag. Karl Wilfing

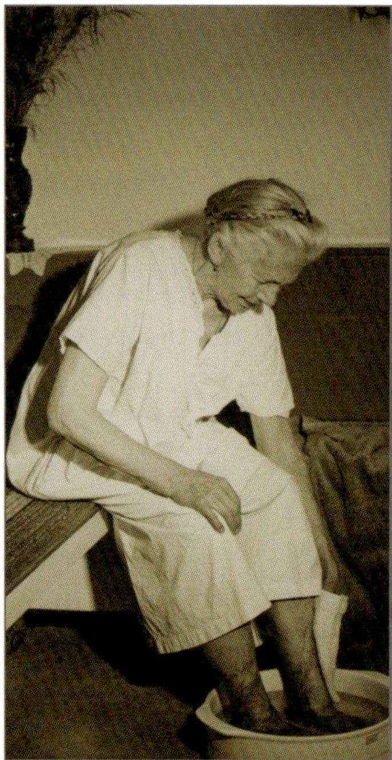

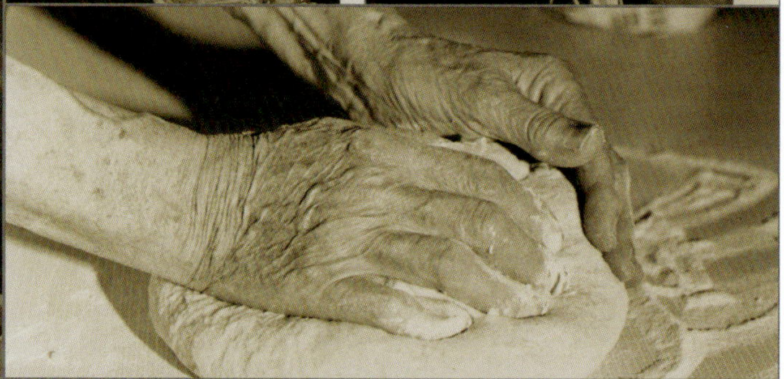

Einleitung

Liebe Leserinnen, liebe Leser!

Ich möchte Ihnen mein Leben nicht aus dem Kopf, sondern aus dem Herzen erzählen. Vom Verstand her ist alles immer sehr logisch, realistisch und nur ja nicht gefühlsbetont. Selbstverständlich braucht unser Leben eine Balance zwischen Kopf und Herz. Man muss Menschen verstehen, um eine Vertrauensbasis zu schaffen. Vertrauen gibt Sicherheit und ermöglicht, dass man sich auf etwas einlassen kann. Mit diesem sehr persönlichen Buch will ich nun mein Herz öffnen, um Ihre Herzen zu erreichen.

Meine Lieben!

Sie werden es vielleicht etwas ungewöhnlich finden, wenn ich Sie mit „meine Lieben" anspreche, aber diese Worte habe ich als Erbe bekommen. In meinem Berufsleben lernte ich eine sehr nette Lehrerin kennen, die ihre Schülerinnen und Schüler immer „meine Lieben" nannte. Im letzten Sommer ist diese Frau verstorben und ich habe mir erlaubt, diese schöne Anrede zu übernehmen – als wertschätzende Erinnerung an sie. Ich möchte Sie an meinem reichen Lebensschatz teilhaben lassen, weil auch ich reich beschenkt wurde. Auf meinem Lebensweg begegnete ich vielen wertvollen Menschen, von denen ich lernen durfte. Leise und sanft begleitete ich Kranke und Sterbende durch ihre schwerste Zeit – ich habe stets viel gegeben und ich habe sehr viel zurückbekommen. Einige für mich wichtige Erlebnisse und Erkenntnisse möchte ich Ihnen anvertrauen. Ich weiß heute, wenn jemand mehr über das Leben erfahren möchte, braucht er sich nur Zeit für ältere Menschen zu nehmen. Da ich Fotografin bin, interessieren mich Menschen schon von Berufs wegen ganz besonders. Ich sehe genau hin und ich kann zuhören. Durch das aktive Zuhören und die offenen Gespräche vermag ich viel mehr zu sehen und vor allem oft Unbeachtetes zu erkennen. Es ermöglicht mir, meinen Blick auf das Innere der Menschen zu lenken und somit Besonderes zur Entfaltung zu bringen und fotografisch festzuhalten. Oft sind Menschen dann von ihren eigenen Bildern überrascht.

Vor vielen Jahren begegnete mir eine ganz besondere Frau, die „Faber Mutter". Sie war die erste Braut, die mein Vater vor 65 Jahren an ihrem Hochzeitstag fotografiert hatte. Diese wundervolle, bescheidene und vor allem philosophische Frau hat durch unsere vielen intensiven Gespräche mein Leben sehr bereichert. In ihrer einfachen und natürlichen Art, wie sie das Leben mit der Natur verglich – „Aufblühen und Verblühen", „Leben und Sterben", „Säen und Ernten" – hat sie mich nachhaltig beeindruckt. Ihr ausgeprägtes Farbengefühl, das Staunen über die Schöpfung, ein Geschenk, das uns der Herrgott gegeben hat, all das hat mich sehr oft nachdenklich und still werden lassen – jede Begegnung mit ihr war wie ein Gebet für mich. Meine Gefühle für die „Faber Mutter" und die Wertschätzung für alte Menschen sind stetig gewachsen. Ich ließ solche Gespräche lange in mir nachklingen und betrachte seither sowohl Menschen als auch die Natur aus einer anderen Perspektive und viel bewusster.
Für mich intensivierte sich seit dieser Zeit die Beschäftigung mit dem Sinn des Lebens – das bedeutet natürlich auch die Beschäftigung mit mir selbst. Ich durchforstete meine persönliche Wertewelt und akzeptierte, was ich als „von Gott gegeben" anerkannte. Ich freute mich über meine Freiheit, Entscheidungen treffen zu dürfen und war froh, dass mir Herzensbildung und viel natürliches Einfühlungsvermögen gegeben war.

Die Zahl „Sieben" war die Lieblingszahl der „Faber Mutter" und wurde auch zu meiner Lieblingszahl. Sie werden diese Zahl im Buch immer wieder finden. Sowohl im christlichen Glauben als auch in weltlichen Bereichen spielt die Zahl 7 eine zentrale Rolle: es gibt 7 Sakramente, 7 Todsünden, 7 Tugenden und 7 Plagen, Gott schuf die Welt in 7 Tagen, wir kennen die 7 Regenbogen-Farben und fühlen uns gerne wie im 7. Himmel.

Eines Tages, als wir beide wieder in eines unserer vielen tiefen Gespräche versunken waren, sagte die „Faber Mutter" zu mir: „Ilse, Tiere sind wie Menschen, sie drücken sich nur anders aus." Und so begann ich, Menschen in meinem Umfeld zu fragen, welches Tier sie gerne wären, falls der liebe Gott ihnen den Wunsch erfüllen sollte.

„Was wären Sie gerne?"

Schreiben Sie einfach in dieses Buch, welches Tier Sie gerne wären und denken Sie über dessen Eigenschaften nach!

....

Ich wusste aus dem Bauch heraus, dass ICH gerne eine AMEISE wäre.

Warum?

Ich bin …
… zierlich
… sozial
… treu
… stark
… fleißig
… zielstrebig
… und brauche meine vertraute Umgebung.

Kennt man sein eigenes ICH, dann achtet man meist auch auf die eigenen Gefühle. Dies ist nicht immer leicht, da wir dazu erzogen wurden, nicht aus dem Bauch sondern aus dem Kopf zu agieren. Dabei könnte man viel Leid vermeiden, würden wir Menschen unsere Herzen öffnen, statt uns den Kopf zu zerbrechen.

Da ich als Ameise sehr feinfühlend und beobachtend bin und auf mich aufpassen muss, damit man mich nicht verletzt, entdecke ich viel über meine visuellen Wahrnehmungen. Als Fotografin habe ich es viel leichter, ich darf mich hinter der Kamera verstecken und alles konzentriert durch eine scharfe Linse betrachten.

Dazu eine amüsante Geschichte aus meinem Kinderleben: Ich, die Träume-Liese, wurde von meiner Mutter zum Kaufmann geschickt, um ein Kilo Zucker zu kaufen. Versunken in meiner Traumwelt ging ich mit dem exakt eingewogenen Zucker nach Hause – das Sackerl kam leider leer bei meiner Mutter an. Ich hatte es einfach unbemerkt verkehrt getragen. Meine Mutter lächelte und streichelte mir verständnisvoll über den Kopf und ich spürte ihre unendliche mütterliche Liebe! Vielleicht konnte ich mir dadurch meine angeborene Gefühlswelt erhalten? Vielleicht kann ich deshalb heute mit Menschen mitfühlen, wo andere unsensibel gar kein Mitgefühl empfinden? Vielleicht kann ich deshalb heute viel Verständnis aufbringen, wo andere Menschen nur ihre klugen Köpfe schütteln?

Wenn Sie, meine Lieben, über den Sinn des Lebens nachdenken, Ihre positive Grundhaltung dem Leben gegenüber erneuern wollen oder diese sogar erst erlangen möchten, dann soll dieses Buch für Sie ein geeigneter Begleiter sein. Wenn Sie „ja zum Leben“ sagen können, egal welche Herausforderungen Ihnen das Leben gerade bietet, dann meistern Sie mit Gelassenheit, innerer Stärke und dem Wissen, dass alles einen Sinn hat, schwierige Situationen und Lebenskrisen viel einfacher. Sie werden erkennen, dass Sie bisher unbekannte Kräfte in sich entdecken und diese selbst aktivieren können. Ich wünsche Ihnen viel Freude beim Lesen und alles Gute!

Ilse Puchner-Lahofer

Mein erster Weg ins Krankenhaus – Kindertrauer

Kapitel 1

Mein erster Weg ins Krankenhaus – Kindertrauer

Wenn wir jung sind, dann sind wir im Allgemeinen gesund und brauchen kein Krankenhaus. Trotzdem beginnen heutzutage die meisten Menschen ihr Leben im Krankenhaus – schon durch die Geburt. Ja, ja, meine Lieben, bis zur Mitte des vorigen Jahrhunderts wurden die meisten Menschen daheim geboren und viele sahen nie ein Krankenhaus von innen, weil sie mit circa 70 Jahren an Altersschwäche zu Hause starben – viele von ihnen im gleichen Haus, in dem sie geboren worden waren. Glücklicherweise ist die medizinische Entwicklung so weit fortgeschritten, dass wir flächendeckend Krankenhäuser haben, wodurch uns längeres Leben ermöglicht wird.
In der Regel kommen wir entweder als Patient in ein Krankenhaus oder als Besucher. Je nachdem sind daher die Perspektiven und Eindrücke sehr unterschiedlich. Ich erlebte als kleines Mädchen gleichzeitig beide Positionen – ich war selbst krank im Spital und stand als kleine Besucherin am Bett meines todkranken Vaters – nur auf einer anderen Station.

Wenn ich mich meinen Tagträumen hingebe – was ich gerne tue –, sehe ich mich oft als zartes kleines Mädchen, das mit sieben Jahren schon erfahren musste, dass das Leben auch sehr schwer sein kann.

Warum?
Bis zu meinem siebenten Lebensjahr wuchs ich im Kreise meiner Familie mit Vater, Mutter und zwei Geschwistern und Großeltern sehr glücklich und sorglos auf. Besonders zu meinem Vater fühlte ich mich sehr hingezogen. Ich war ein äußerst fröhliches, singendes, quirliges, aufgewecktes und hüpfendes Kind (das nannte man damals „Springinkerl"). Vor allem konnte ich mich schon immer über Kleinigkeiten freuen und diese positive Eigenschaft habe ich mir bis heute bewahrt.

Dann erkrankte mein Vater an Krebs. Das Leben meiner Familie änderte sich von heute auf morgen. Wir alle waren schockiert und traurig. Wir Kinder verstanden die Welt nicht mehr. Die Sorge um unseren Vater drückte auf unsere ganze Familie.

Ich, die kleine AMEISE …
… brauchte viel Wärme in meinem Bau
… fühlte mich alleingelassen
… lernte weniger gern und gut
… beneidete andere Kinder um den Schutz des Vaters
… suchte Halt in jedem Wort von Erwachsenen
… träumte von Geborgenheit
… fand meinen besten Freund – den lieben Gott!

Meine erste positive Begegnung mit dem Krankenhaus, die ich Ihnen mit diesen Zeilen schenken möchte, ist meine eigene Geschichte:

Ich litt in dieser Zeit oft an Bauchweh, Magenschmerzen und Durchfall. Es war weder mir noch meiner Umwelt bewusst, dass es sich um einen Hilfeschrei meiner kleinen Seele handelte. Letztendlich entdeckte der Arzt, dass ich eine Blinddarmentzündung hatte!
Im Kinderzimmer des Krankenhauses wurde ich fürstlich wie eine Prinzessin behandelt. Die Kinderschwestern wussten damals schon, welch schweres Schicksal mich erwartete und so umsorgten sie mich mit besonders viel Liebe und Geborgenheit. Für meine Mutter bedeutete dies eine kleine Entlastung in ihrem ohnehin schon großen Kummer. Die Krankenschwestern ermöglichten es mir, dass ich meinen schwerkranken Vater, der zu dieser Zeit ebenfalls im Krankenhaus lag, am Krankenbett besuchen durfte. Vor mehr als fünfzig Jahren war das noch keine Selbstverständlichkeit. Nun stand ich da am Bett meines von der Krankheit schon sehr gezeichneten Vaters. Klein und hilflos mit aufgerissenen Augen klammerte ich mich an ihn und er blickte mir mit seinen bereits trüben Augen liebevoll tief in mein Herz. Er bat mich um das Versprechen

immer brav zu sein, fleißig in der Schule zu lernen und meine Mutter so gut wie möglich zu unterstützen und ihr viel Freude zu machen. Wir hielten einander an den Händen – in Tränen aufgelöst wurde ich immer stiller. Das war meine letzte Begegnung mit meinem geliebten Vater.

Traurig ging ich in das Kinderzimmer im Krankenhaus zurück und war dankbar für die Herzlichkeit, mit der mich die Kinderkrankenschwestern umsorgten und vor allem ablenkten.

Was benötigen Kinder in dieser Situation?

- *Halt von außenstehenden Menschen*
- *Menschen, die zuhören können*
- *Menschen, die ihnen über den Kopf streichen*
- *Menschen, die ihnen die Wahrheit sagen*
- *spirituelle Menschen*
- *Großeltern oder liebe Menschen, die Zeit haben*
- *Kinder, die vom gleichen Schicksal betroffen sind*
  (Heute gibt es Kindertrauergruppen mit therapeutischer Hilfe)

Dann kam der für uns Kinder überraschende Tod!

Es war Samstag, ein Freund meines Vaters kam in unser Geschäft. Wir drei Kinder mussten uns setzen und er erklärte uns, dass unser geliebter Vater gestorben war.

WIR (Willy, Ilse, Renate) saßen da wie gelähmt und fühlten uns allein-gelassen …

Stumm und hilflos hörten wir dem Freund unseres Vaters zu, der uns über das bevorstehende Begräbnis und die einzelnen Rituale informierte. Die Aussicht, den geliebten Vater noch einmal sehen zu dürfen, fanden wir Kinder sehr spannend und natürlich machte uns das auch sehr neugierig, aber vor allem unendlich ängstlich und traurig. Noch einmal den Vater sehen – zum letzten Mal!

Viel später in meinem Leben fand ich dieses wunderbare, tröstliche Gedicht:

Erste Schritte

Klein ist, mein Kind, dein erster Schritt,
Klein wird dein letzter sein.
Den ersten geh'n Vater und Mutter mit,
Den letzten gehst du allein.

Sei's um ein Jahr, dann gehst du, Kind,
Viel Schritte unbewacht,
Wer weiß, was das dann für Schritte sind
Im Licht und in der Nacht?

Geh kühnen Schritt, tu tapfren Tritt,
Groß ist die Welt und dein.
Wir werden, mein Kind, nach dem letzten Schritt
Wieder beisammen sein.
(Albrecht Goes)

Sieben Tipp`s für Kindertrauerarbeit:

Ich möchte Ihnen gerne erzählen, was aus meiner persönlichen Erfahrung bei Kindertrauerarbeit besonders wichtig ist:

1. Den Verstorbenen noch einmal sehen dürfen
Es ist sehr wichtig, direkt Abschied zu nehmen – auch für Kinder. Wir sollten unsere Verstorbenen bildlich festhalten – ein Bild im Herzen bewahren. Dadurch kann man die Situation viel besser realisieren.

Obwohl tote Menschen sehr oft einen friedlich gelassenen Ausdruck haben, hatte ich als junge Fotografin vor diesen Aufträgen, Tote zu fotografieren, Angst. Mittlerweile verneige ich mich vor den Toten – vor den Menschen auf der anderen Seite des Weges.

2. Vom Verstorbenen Abschied nehmen
Wenn es möglich ist, sollte man die Zeit nutzen, mit dem Sterbenden oder Verstorbenen zu reden, ihn zu streicheln und bewusst Abschied zu nehmen. Heutzutage gibt es in Krankenhäusern und Hospiz-Einrichtungen „Verabschiedungszimmer“.

3. Teilnahme von Kindern am Begräbnis
Oft ist man heute der Meinung, dass für Kinder eine Beerdigung zu belastend wäre. Im Gegenteil: Durch das Erleben, was mit dem lieben Verstorbenen nun geschieht, wie würdevoll alle Abschied nehmen, wird das Sterben als natürlicher Lebensverlauf realisiert. Durch unbefangene Gespräche mit den Kindern verstehen diese viele Dinge, die sonst wahrscheinlich sehr schwer begreiflich wären. Kinder sollen den Kreislauf des menschlichen Lebens verstehen lernen und einen Ort haben, wo sie ihre lieben Verstorbenen besuchen können. Tote zu ehren und ihre Gräber zu pflegen sollte einen festen Platz in unserer Welt haben. Man sagt: „Willst du eine Kultur verstehen lernen, dann sieh dir an, wie sie ihre Friedhöfe pflegen.“

Die Mutter meines Vaters, eine sehr mystische Frau, lebte als Einsiedlerin im Mühlviertel und konnte ihre Gefühle sehr gut zum Ausdruck bringen. Sie lebte ihren Schmerz nicht verhalten aus, sondern schrie ihn auch bei der Beerdigung ihres Sohnes hinaus. Das war für die „Weinviertler" ein sehr außergewöhnliches und schockierendes Erlebnis. Mich als Kind hat es jedoch beeindruckt und ich habe mich sehr verstanden gefühlt. Sie schrie wie auch ich fühlte. Plötzlich war der Tod für mich kein Tabu mehr. Durfte das nur die Einsiedlerin?

Was versteht man unter „Einsiedlerin"? Das Haus meiner Großmutter stand „einschichtig" in der Landschaft. Sie war viel allein und ernährte sich nur von Ziegenmilch und Produkten, die sie selbst herstellte. Sie hatte sieben Kinder gehabt, mein Vater war der Erstgeborene gewesen. Diese Großmutter war eine ganz besondere, außergewöhnliche Frau. Ich besuchte sie häufig und als ich älter wurde, hörte ich sehr gerne ihren weisen Erzählungen zu. So lernte ich sie mit der Zeit wirklich gut zu verstehen.

4. Rituale

Mein Vater starb im September, meine Mutter war 29 Jahre jung und ich war wie immer mit meiner Zahl 7 verbunden – denn ich war 7Jahre alt. Dann passierte etwas, woran WIR (Willy, Ilse, Renate) uns wohl das ganze Leben erinnern werden. Wir feierten Weihnachten am Friedhof. Unser Christbaum stand nicht im Wohnzimmer, sondern am Grab unseres Vaters. Am Heiligen Abend standen WIR gemeinsam mit unserer Mutter weinend und betend am Grab und zündeten die Christbaumkerzen an. So war unser Vater in unserer Nähe und im Herzen bei uns.

Ohne es damals zu wissen, vollzogen wir unser erstes Ritual im Trauerjahr. Hand in Hand und traurig betroffen gingen wir nach unserer Bescherung am Friedhof nach Hause. Wir spürten, dass wir als Familie immer enger zusammenwuchsen.

5. Ehrliche Antworten

Kinder spüren, wenn man nicht die Wahrheit sagt und sich in Ausreden flüchtet. Ein Kind hat das gleiche Recht auf Wahrheit wie die Erwachsenen. Mit Ausreden verunsichert man Kinder und deren Ängste werden immer massiver, weil sie meistens das Schlimmste befürchten und sich die Unsicherheit oft in ihren Träumen äußert.

6. Bilder und Erinnerungsstücke

Als Erinnerung für den Alltag eignet sich ein kleines bescheidenes Album, das Fotos des Verstorbenen gemeinsam mit dem Kind zeigt. Schön und wertvoll ist auch, wenn man dem Kind, je nach Alter, ein persönliches Erinnerungsstück schenkt, das eine besondere Verbindung zum Verstorbenen erhält. So bleibt etwas Persönliches zum Festhalten und Bewahren.

7. Viele Geschichten und Erzählungen als Erinnerung

Am Abend vor dem Schlafengehen soll man den Verstorbenen in ein Gebet einschließen oder über erlebte Geschichten mit dem Verstorbenen erzählen. Durch die eigenen Erinnerungen und wiederholten Erzählungen kann das Kind diese festigen und das Erlebte gut verarbeiten. So holt man den Verstorbenen in Gedanken zu sich und schenkt ihm einen Platz im Herzen. Manchmal verarbeitet man die traurigen Ereignisse auch im Traum. Auch schöne Situationen und Erlebnisse kehren in Träumen wieder – und das tut gut.

Wie am Anfang erwähnt, habe ich in meiner Kindertrauer auch den lieben Gott gefunden.

Der Zeitpunkt für das Sakrament meiner Ersten Heiligen Kommunion war im Frühling nach dem Tod meines Vaters gekommen.

Aufmerksam und interessiert lauschte ich immer den Worten unseres Paters. Einmal sagte er im Unterricht: „Jeder hat einen Vater." Ich fühlte, wie meine Ohren immer größer wurden – wie bei einem Elefanten. Er sprach weiter: „Es gibt einen ‚Himmelvater', der alle Kinder beschützt und immer bei euch ist." Das war Balsam für meine traurige Seele. Auf einmal fühlte ich mich nicht mehr allein – ich hatte auch einen Vater: Den lieben Gott.

Das Leben bereitet auch in Zeiten der Trauer viele Geschenke. Man gönnt sich in der Ruhe mehr Zeit für sich selbst. Eines Tages bekam ich ein Buch geschenkt, in dem das Leben eines kleinen Mädchens beschrieben wurde, das meinem Schicksal sehr ähnlich war. Ich saß oft stundenlang da und las in diesem Buch, weinte und hatte für mich einen Therapeuten gefunden, den es in meiner Kindheit noch nicht gab. Heute kann man den Kindern mit Zeichnen, Spielen, Bewegung, Gesprächen, Filmen, Büchern und vielleicht auch mit Gebeten helfen, ihre Trauer zu verarbeiten und zu überwinden.

Kinder sind sensibel und daher muss man genau hinsehen und hinhören, damit man die besten Wege findet, um sie in ihrer Traurigkeit optimal zu begleiten. Oft helfen Kindern auch alte Märchen, weil diese nicht immer endgültig enden, sondern Spielraum für die eigene Phantasie offen lassen … Märchen zeigen Kindern bildhaft, was sie selbst in ihren kleinen Herzen spüren, wenn die Seele weint … Viele meinen, das sei traurig – ich halte das für tröstlich …

Was in dieser schweren Zeit gut tut (eigentlich tut es immer gut):

- *Liebe*
- *Geborgenheit*
- *Fröhlichkeit*
- *Aufmerksamkeit*
- *Zeit*
- *Gespräche*
- *einfach zuhören*

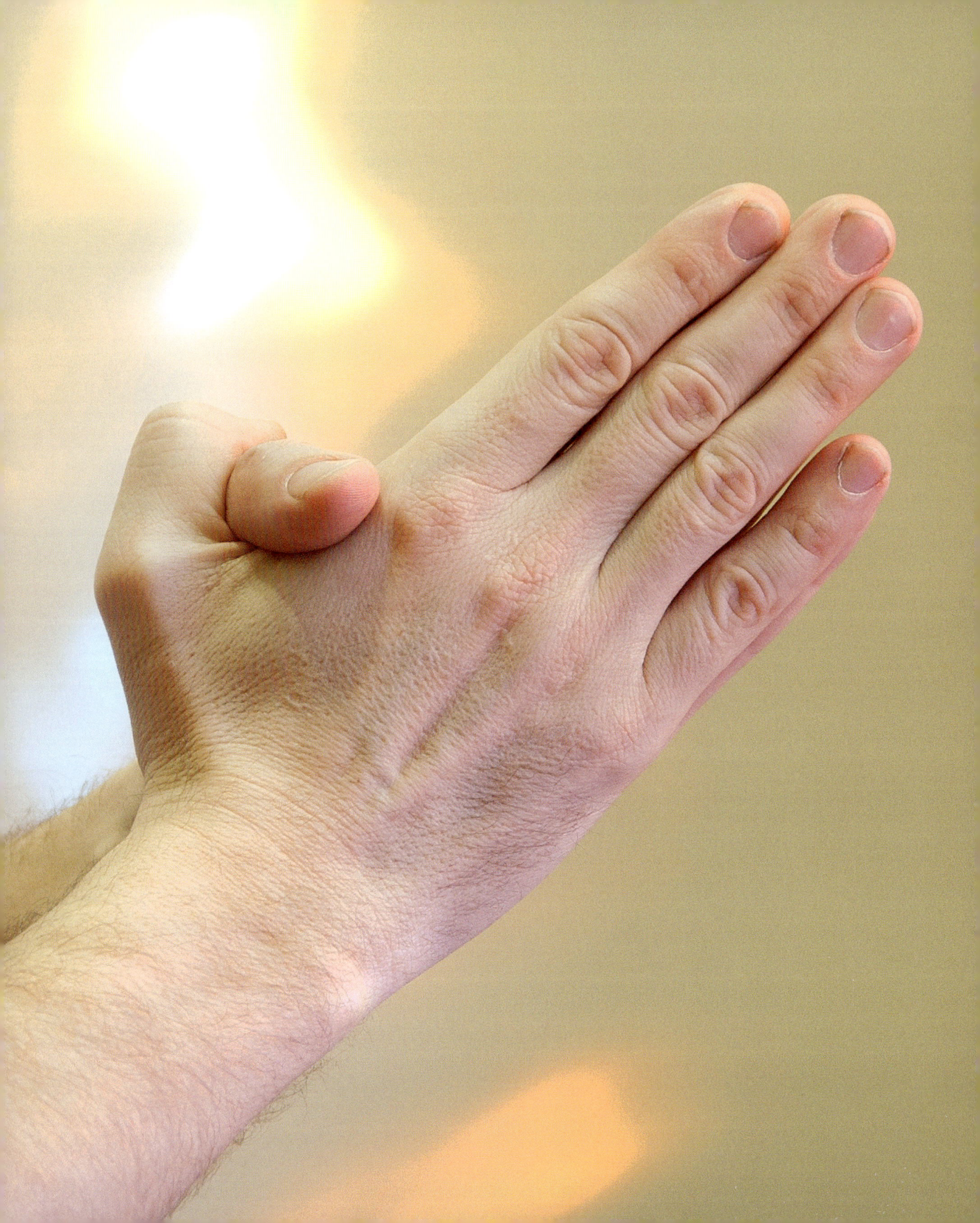

Freude schenken – Dank spüren

Kapitel 2

Freude schenken – Dank spüren

Gib uns heute das Brot, das wir brauchen. (Mt 6,11)

Ich wuchs heran und absolvierte gerne meine Ausbildung zur Fotografin. Persönlich entwickelte ich mich sehr sensibel und warmherzig, so meinte man in meinem Umfeld. Mein Naturell ist fröhlich und meine Jugend verlief turbulent und aufregend. Später heiratete ich und uns wurden zwei wunderbare Töchter geschenkt.
Um für all diese beruflichen und privaten Herausforderungen Kraft zu tanken wurde es für mich zum Ritual, regelmäßig den Gottesdienst zu besuchen. So erfuhr ich von einer besonderen Idee: „Seelsorgerische Tätigkeit für Laien – als Kommunionspender im Krankenhaus." Ich war sofort Feuer und Flamme für diese Idee und meldete mich umgehend an. Mit Freude absolvierte ich die Ausbildung für diese ehrenamtliche Aufgabe und erinnerte mich an die alte Weisheit: „Gutes tun bringt Freude." Ich fühlte, dass dieses besondere Ehrenamt mich ganz bestimmt erfreuen und stärken würde.

Zu Beginn meiner neuen Tätigkeit als Kommunionspenderin verursachte mir der Umgang mit kranken Menschen ziemliches Herzklopfen. Meine Gefühle wechselten zwischen Euphorie und wohltuender Ruhe. Aber mit der Zeit wuchs ich in die Rolle meiner seelsorgerischen Tätigkeit hinein. Ich erfuhr, wie viel positive Kraft gläubige Menschen durch den Empfang der heiligen Kommunion schöpfen und wie sie dadurch Krisen etwas leichter bewältigen können. Menschen, die an den tieferen Sinn ihres Lebens glauben, haben viel häufiger klare Ziele, und um diese zu erreichen, mobilisieren sie unerwartet starke Kräfte. Das zu erleben erfreute immer wieder mein Herz und gab auch meinem Leben einen weiteren Sinn. Ich war und bin sehr froh über diesen Weg.

Mein Beruf als Fotografin half mir, mich auch kreativ mit meiner neuen Aufgabe zu entwickeln. Ich entdeckte wunderschöne, berührende, vom

Leben gezeichnete Gesichter und Hände, die ich in meinem Herzen mit nach Hause nahm. Die Menschen erzählten mir manches von sich und ihrem Leben – vieles konnte ich einfach liebevoll in ihren Gesichtern lesen.

Meine Lieben, versuchen Sie, sich auf Bilder, auf denen kranke Menschen zu sehen sind, einzulassen. Nehmen Sie den Menschen als Ganzes wahr. Das Gesicht hat nicht nur Augen und Mund – betrachten Sie auch Stirnfalten und Haare, achten Sie auf Kinn und Nase, beachten Sie die Haltung des Kopfes. Sie werden viel Würdevolles, manch Schönes erkennen. Auch Hände erzählen sehr viel über das Leben.
Im Bett liegende Menschen schauen uns oft hilflos, sensibel, gezeichnet durch Angst und Schmerz, abgemagert durch ihre Krankheit, hilfesuchend und verzweifelt entgegen. Diese Blicke machen die Besucher oft unsicher, ohnmächtig, unruhig, scheu, sprachlos, betroffen und traurig. Ein Patient signalisiert uns durch diesen Blick, dass es wichtig ist im Hier und Jetzt zu sein, dass wir bei der Wahrheit bleiben. Oft finden die Besucher nicht die passenden Worte des Trosts und suchen Ausreden, um sich selbst zu schützen. Seien Sie mutig, lassen Sie sich auf diesen Menschen ruhig ein. Sie sind hier, weil Sie ihm Gutes wollen – seien Sie einfach da, voll und ganz!
„Die Menschen, denen wir Stütze sind, geben uns Halt im Leben.“
Viele Angehörige erzählten mir, dass sie sich nach einem Krankenbesuch sehr betroffen, traurig und ausgelaugt fühlen und danach ihre Energiespeicher wieder auffüllen müssen. Ich erzählte dann immer, dass ich mir meine Kraft hole, bevor ich Krankenbesuche mache.

So lade ich meine Lebensbatterien auf:

- *Spaziergang oder wenigstens Fußweg zum Krankenhaus*
- *meine innere Mitte finden*
- *gedanklich auf Situation einstellen und positiven Zuspruch überlegen*
- *Meditationstexte lesen und entspannen*
- *mir Gedanken machen über den zu besuchenden Menschen*
- *Vorbereitung durch Gespräche*
- *Kraft aus Gebet holen*

So kann ich meine Besuche entspannter erleben und besser nachempfinden. Vor allem kann ich dem kranken Menschen tröstender und stärkender Helfer sein.
Ich habe die Erfahrung gemacht, wenn ich ein Krankenzimmer betrete und mit lauter, kräftiger und vor allem fröhlicher Stimme „Grüß Gott“ sage, dann blicken mir freundlichere Gesichter entgegen. Freude steckt einfach an – und ich will Freude schenken!

Meine Erkenntnis aus allen Krankenbesuchen ist, dass es mich glücklich macht, über meine eigentliche Arbeit als selbständige Fotografin hinaus, zusätzlich zu meinen Aufgaben als Frau und Mutter etwas mehr zu tun. Zufrieden bin ich, wenn ich die an mich gestellten Erwartungen des täglichen Lebens erfülle, glücklich bin ich bei meiner Sozialarbeit, weil ich etwas mehr machen kann: Ich kann Menschen glücklich machen und das empfinde ich selbst als das größte Glück. Das größte Glück ist es für mich vor allem deshalb, weil ich für alle meine ehrenamtlichen Tätigkeiten kein Geld verdienen muss. Jedes einfache „Danke“ ist für mich ein wertvolles Geschenk und berührt mich bis in das Innerste meines Herzens. So werde ich sehr oft heute noch zur glücklichen Träume-Liese.

Tätigkeit als Kommunionspenderin

Drei Geschichten aus meiner 20-jährigen Tätigkeit als ehrenamtliche Kommunionspenderin:

Meine erste Sonntagsgeschichte:

An einem sonnigen Sonntag hatte ich wieder meinen Kommunionspenderdienst im Krankenhaus. Fröhlich betrat ich das Zimmer einer schwerkranken Frau. Ihr Mann war zu Besuch und saß an ihrem Bett. Auf die Frage, ob ich die heilige Kommunion spenden dürfe, antwortete der Mann sehr betroffen: „Meine Frau kann nichts mehr schlucken – bitte darf ich die Kommunion empfangen?“ Nach meinem Ritual und Gebet lud ich das Ehepaar zu einem gemeinsamen „Vater unser“ ein. Wir reichten einander die Hände und fingen an zu beten – in diesem Augenblick begannen die Kirchenglocken zu läuten. Tränen liefen über unsere Wangen und wir weinten herzzerreißend. Der Mann empfing die heilige Kommunion und ich ging langsam und sehr berührt aus diesem Zimmer.

Eine liebe Krankenschwester erkundigte sich, was los sei. Ich konnte nur mit erstickter Stimme antworten: „Es war so berührend!“
Im nächsten Zimmer saßen einige Patientinnen am Fenster und erwarteten mich schon. Auch sie beteten mit mir gemeinsam das „Vater unser“. Durch das gemeinsame Gebet erlangte ich wieder meine Fassung und seither weiß ich, dass ein gemeinsames meditatives Gebet die Seele wieder in Einklang bringen kann.

Meine zweite Sonntagsgeschichte:

Ich als AMEISE liebe Rituale und so betrat ich eines Sonntags wieder in meiner Tätigkeit als Kommunionspenderin das Krankenhaus, nicht wissend, was mich diesmal erwarten würde.
Unbefangen und sehr freundlich ging ich meiner Aufgabe nach. Nach mehreren Besuchen betrat ich ein Zimmer, in welchem sich sehr viele Besucher aufhielten. Ich fragte die einzige Patientin im Raum, ob ich ihr die heilige Kommunion bringen dürfe. Die Dame gab durch ein kurzes Nicken ihre Zustimmung und ich bat die Verwandten um ein gemeinsames „Vater unser“. Dieses Gebet erzeugte eine ganz besondere Stimmung im Raum. Die kranke Frau und viele der Anwesenden empfingen die Kommunion. Ich spürte selige Freude und zufrieden ging ich weiter ins nächste Krankenzimmer.
Als ich die Station verlassen wollte, fragte mich die Stationsschwester, ob ich auch im Zimmer mit den vielen Verwandten gewesen war. Erst später verstand ich die Bedeutung ihrer Frage. Beim Verlassen des Krankenhauses traf ich am Eingang einige dieser vielen Verwandten, die mich herzlich grüßten und sich nochmals dafür bedankten, dass ich ihrer sterbenden Mutter heute noch ein so schönes Erlebnis geschenkt hatte.

Meine dritte Sonntagsgeschichte:

Einmal an einem Sonntag wollte ich einem schwerkranken, sehr hageren Mann die Kommunion bringen. Der Mann lag in seinem Intensivbett – umgeben mit lebenserhaltenden Schläuchen. Auf meine Frage, ob er die heilige Kommunion erhalten wolle, reagierte er sehr polternd: „Ich glaub' zwar an den Herrgott, aber als Geschiedener ist es mir verboten, die heilige Kommunion zu empfangen." Unser Gespräch war sehr intensiv. Ich versuchte mit ihm zu beten und ihm zu erklären, dass der liebe Gott kein Soldat sei, sondern alle Menschen liebt. Da ich jedem Patienten ein persönliches Gebetsbild mitbringe, legte ich ohne viele Worte auch ihm eines auf sein Bett. Sehr aufgewühlt und nachdenklich verließ ich das Krankenzimmer. Ich hoffe, ihm dennoch friedvolle Gedanken gebracht zu haben.

Ich könnte noch viele ähnliche Geschichten erzählen. Wenn mich Leute auf meine ehrenamtliche Tätigkeit ansprechen und meinen, ich tue sehr viel Gutes, dann möchte ich doch festhalten: das Leben ist gerecht und bewegt sich in einem Kreislauf: Freude aussäen – Dank ernten.

Meistens bin ich es, die beschenkt wird …

Da mir durch meine vielen Erlebnisse Krankenhausbesuche sehr vertraut sind, möchte ich Ihnen einige Gedanken schenken, wie ich die Besuche immer mit Freude meistern kann.

Sieben Anregungen für Krankenhausbesuche:

1. Mit positiver Erwartung hingehen
Warum mit positiver Erwartung hingehen? Weil Gedanken unser Tun beeinflussen! Weil man sich die Angst vor dem traurigen Leid nimmt. Mitleid heißt, Angst vor dem gleichen Schicksal zu haben. Weil man mit positiver Erwartung Positives ausstrahlt und Positives erkennt.

2. Nicht das eigene Leben preisgeben
Um dem Patienten nicht das Gefühl zu geben, dass er unnütz ist und nicht gebraucht wird, ist es sehr wichtig, den eigenen Alltag nicht in den Vordergrund zu stellen – der Patient ist der Mittelpunkt!

3. In die Schuhe des Patienten schlüpfen
Symbolisch – in Gedanken die eigenen Schuhe ausziehen und in die Schuhe des anderen schlüpfen. Wenn man sich auf die gleiche Ebene wie sein Gegenüber begibt, dann erzeugt dies Empathie und Vertrauen.

4. Hinsetzen und ankommen
Es ist wichtig, sich von den eigenen persönlichen Gefühlen frei zu machen. Um dem Patienten ein sicheres Gefühl zu geben, versuche ich immer, mich auf gleicher Augenhöhe zu befinden. Ein vergleichendes Beispiel aus dem Alltag: Mit kleinen Kindern kommuniziere ich stets, indem ich mich zu ihnen auf den Boden setze.

5. Die gleiche Sprache sprechen, erzählen lassen und aktiv zuhören
Patienten im Krankenhaus haben uns viel mitzuteilen. Sie erzählen von ihrem Alltag: Seien es Untersuchungen, Diagnosen, Schmerzen, Krankenschwestern, Nachbarn, Essen und Stuhlgang – das alles ist für die Patienten hier sehr wichtig. Einfach nur geduldig zuhören und nicht auf Wiederholungen hinweisen! Aktiv zuhören bedeutet verständnisvoll wiederholen, interessiert miteinander reden und Anteil nehmen.

6. Mitgefühl zeigen

Befinden sich Patient und Besucher auf der gleichen Ebene, dann traut sich der Betroffene nach gewisser Zeit langsam über seine Ängste, Erwartungen, Ungerechtigkeit und Zorn, Schmerzen und Leid und sogar über den Tod zu reden. Wenn man dem Patienten das Gefühl gibt, dass er verstanden wird, schafft er es vielleicht auch zu weinen. Es kann auch erleichternd sein, gemeinsam zu weinen. Mit Berührungen gehe ich sehr behutsam um. Ich lasse nur Berührungen zu, die ich geben und der andere auch nehmen kann. Patienten brauchen ihre ohnehin schon reduzierte Intimsphäre. Das persönliche Bedürfnis des Patienten ist hier unbedingt zu respektieren.

7. Sich selbst schützen

Nach meinen Krankenbesuchen gehe ich manchmal betroffen nach Hause und nehme aus diesen Erlebnissen viele Gedanken mit. Oft gönne ich mir dann Ruhe, höre Musik, bete, spreche mit vertrauten Menschen, lasse meinen Schmerz zu, suche nach dem Sinn dieser Erlebnisse und arbeite im Schlaf die Ereignisse auf.

„Waunst drüber gschlofen host,
siachst des aum nächsten Toog gaunz aunderst!"
(Weinviertler Gedankengut)

Drei Grundregeln:

- *Sag immer die Wahrheit!*
- *Versprich nur, was du halten kannst!*
- *Erzähle nichts weiter!*

Menschen spüren, ob sie belogen werden! Sie werden unsicher und es entstehen Ängste vor dem Tod!
Krankenbesuche sollten immer angekündigt sein – wir platzen auch bei Gesunden nicht unerwartet in das Schlafzimmer …

Achten Sie auch darauf, ob und was Sie mitbringen: Es soll zum Beschenkten passen und von Herzen kommen – nur dann kann es das beschenkte Herz erreichen.

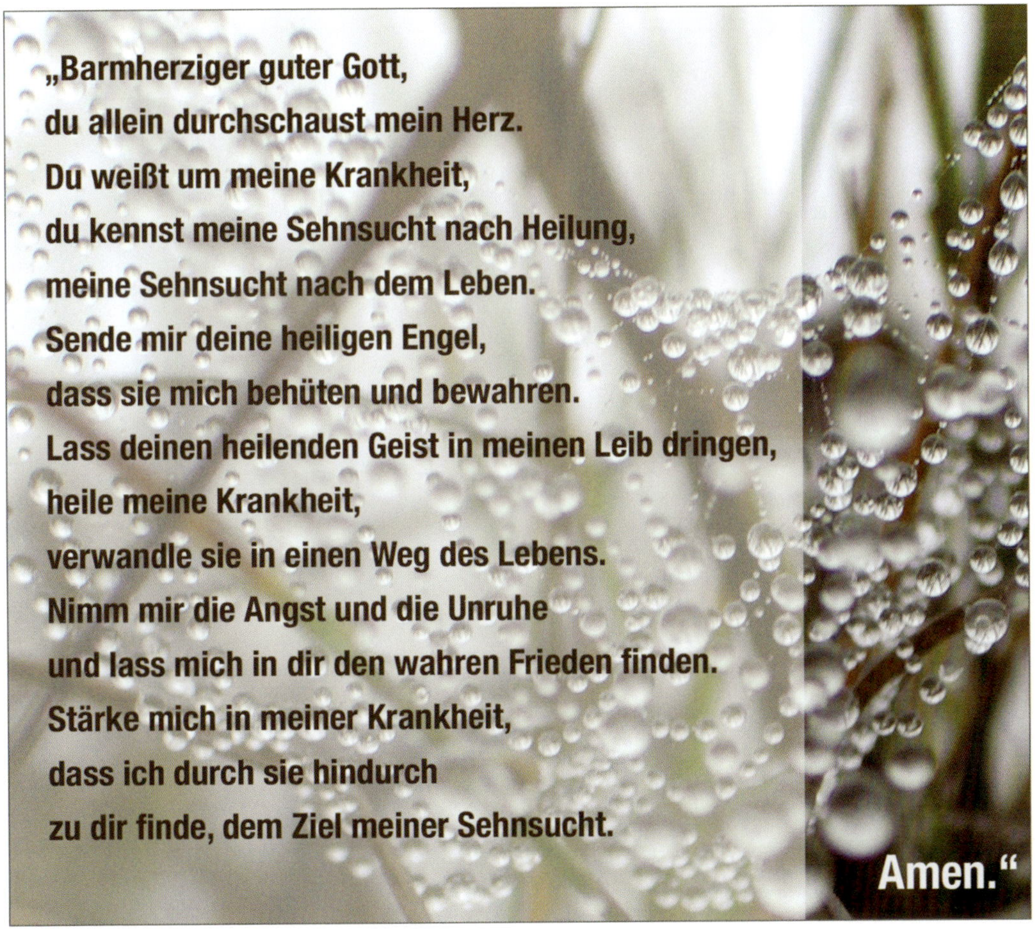

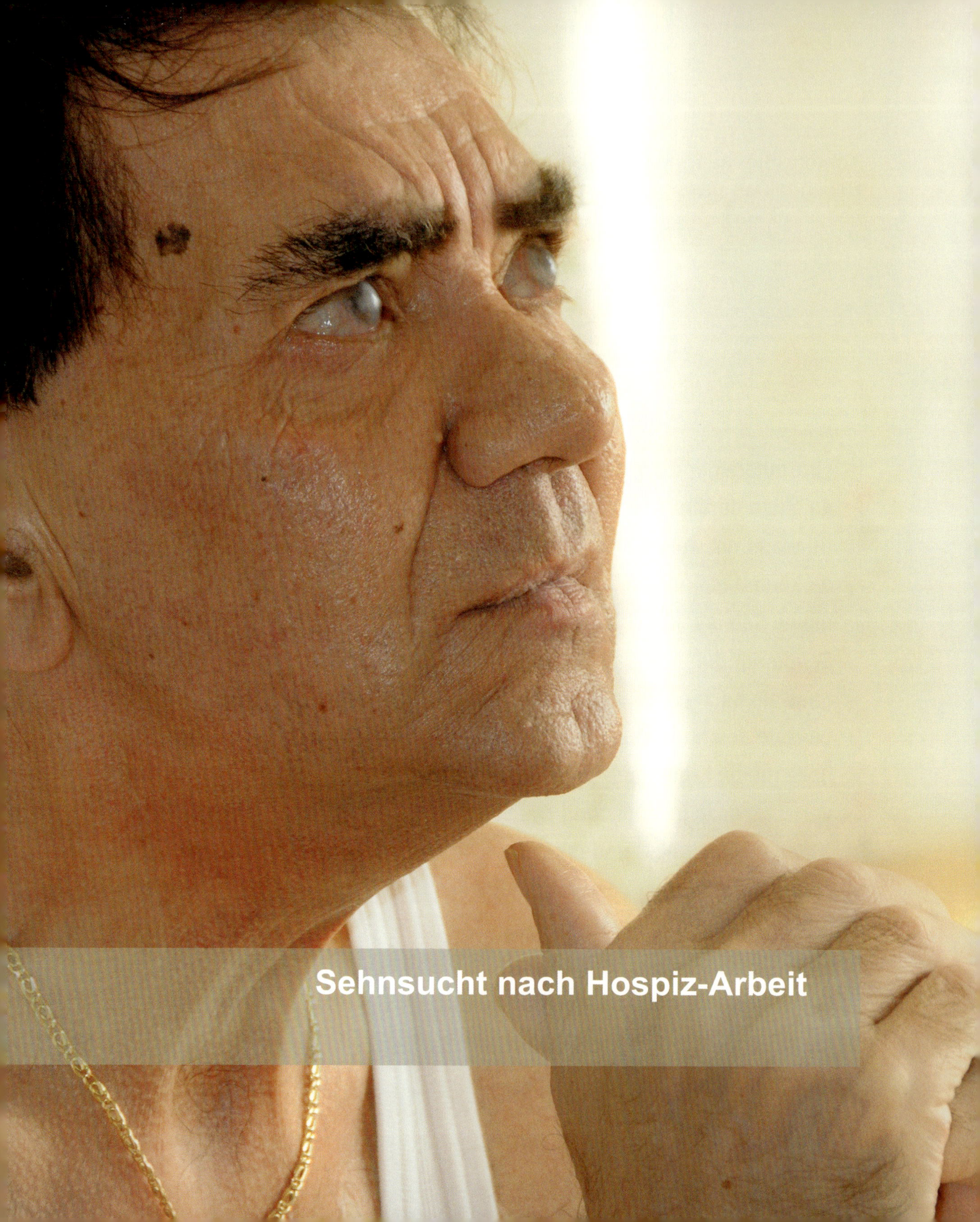

Sehnsucht nach Hospiz-Arbeit

Kapitel 3

Sehnsucht nach Hospiz-Arbeit

Du stellst meine Füße auf weiten Raum. (Ps 31,9)

Meine Lieben!

Ich öffne immer mehr mein Herz. Die Sehnsucht nach Hospiz-Arbeit schlummerte schon ganz lange, ganz tief in meinem Herzen. Als junge schwangere Frau erfuhr ich im zweiten Monat, dass meine Schwiegermutter an Krebs erkrankt war und sehr viele Tage im Krankenhaus verweilen sollte. Da es für mich sehr wichtig ist, das „Nehmen und Geben" in der Waage zu halten, war für mich der tägliche Weg zu ihr in das Krankenhaus selbstverständlich. Ich wollte ihr Freude bringen und sie an meiner Schwangerschaft teilhaben lassen. Als werdende Mutter musste ich mit meinen Kräften haushalten; das tat ich irgendwie anders. Die Krankenbesuche wollte ich nicht reduzieren. Sie taten uns beiden gut und wir wussten, wie kostbar jeder Tag war. In dieser Zeit erfuhr ich durch viele Gespräche viel Wissenswertes über die Familie und die Kindheit meines Mannes. Das war letztlich ein wunderschönes Erbe.

Ich bin der Mutter meines Mannes sehr dankbar für diese vielen schönen Stunden, die wir miteinander verbringen durften. Leider konnte sie meine zweitgeborene Tochter nicht mehr erleben, da sie sechs Wochen vor meiner Niederkunft von uns gegangen ist. Viele Jahre später besuchte ich gemeinsam mit meiner Tochter Heidemarie ein Seminar zum Thema ‚Sterbebegleitung'. So arbeiteten wir miteinander dieses achtzehn Jahre zurückliegende sehr außergewöhnliche Erlebnis auf.

Alles hat seine Zeit!

7 x 7 = 49 und jetzt war für mich die Zeit reif für die Ausbildung zur Lebens-, Sterbe- und Trauerbegleiterin. Seit mehr als zehn Jahren bin ich nun bereits beim Mobilen Hospiz der Caritas als ehrenamtliche Hospiz-Begleiterin tätig. Jede Begegnung bedeutet für mich tiefe Erfüllung.

Ich verstehe unter Begleitung, für Menschen einfach da zu sein. Der Patient bestimmt, was ihm wichtig ist und ich versichere Ihnen, die Wünsche sind sehr unterschiedlich. Nach einer kurzen oder längeren Annäherungsphase öffnen sich die meisten Menschen. Manche Menschen möchten sich öffnen, können sich aber nicht von sich aus öffnen, obwohl sie gerne über Themen reden wollen, die ihnen noch sehr wichtig sind. Ich stelle dann vorsichtig Fragen, damit der Patient ungelöste Probleme wenigstens jetzt aufarbeiten kann, um sein Leid zu beenden und das Leben loslassen zu können. Ich achte sehr darauf, dass meine Fragen dem Menschen nur helfen sich zu öffnen, keinesfalls dürfen sie bohrend sein. Liebevoll da sein und abwarten ist manchmal wertvoller als jede Aktivität. Wichtig ist, spürbar da zu sein, wenn man gebraucht wird.

Als Hospiz-Begleiterin ist mir immer wichtig, mit meinen Gefühlen ehrlich und mit den Betroffenen liebevoll umzugehen. Ebenso wichtig sind mir Diskretion und Respekt. Jede einzelne Begleitung ist für mich eine besondere Begegnung.

Von drei lieben Begleitungen möchte ich Ihnen gerne erzählen:

1. Begleitung von Frau M.

Ich hatte das Glück, Frau M. kennen zu lernen. Sie war eine sehr vornehme, hochbetagte Dame, von Beruf war sie Kürschnerin und Modistin gewesen. Anfangs musste sie erst langsam Vertrauen zu mir finden. Da sie kinderlos und schon sehr viele Jahre verwitwet war, war sie grundsätzlich fremden Menschen gegenüber sehr vorsichtig. Ihre Gefühle zeigte sie durch eine sehr „rüpelige" Art, an die ich mich erst gewöhnen musste. Meine Herausforderung bestand darin, ihren weichen Kern zu entdecken. Sie beobachtete mich scharf und kritisch, aber durch meine sehr natürliche, offene und ehrliche Art hatte ich sehr bald einen Platz in ihrem Herzen gefunden.
Menschen, denen man Zeit schenkt, freuen sich, wenn man pünktlich ist, so auch die korrekte Frau M. Ich besuchte sie oft am Sonntag Nachmittag

oder wochentags um die Mittagszeit. Sie erzählte mir viel aus ihrem Leben und ich hörte meiner Lehrmeisterin interessiert zu. Wenn sie dann meine Müdigkeit entdeckte, entstand ein außergewöhnliches Ritual. Frau M. entwickelte Fürsorge für mich. Sie richtete mir in ihrer alten, romantischen Veranda eine Couch zum Rasten. So freute sie sich, wenn ich kam und mich hinlegte. Sie saß dann mütterlich bei mir, bis ich einschlief und bewachte meinen Schlaf. Das war für die betagte Frau eine sehr wichtige Aufgabe, die ihrem Leben neuen Sinn gab. Manchmal konnte ich im Traum ihre liebevollen Augen spüren, die mir Geborgenheit gaben. Nach geraumer Zeit weckte sie mich und wir führten lange Gespräche. Leider war es ihr nicht vergönnt, bis zu ihrem Lebensende in ihrer vertrauten Umgebung zu bleiben.

Die letzte Zeit war für uns beide sehr intensiv und ich berührte sie sehr gerne. Mein Mann scherzte oft mit ihr und als das Ende nahte, sagte sie mir ihre letzten Worte: „Danke für alles: Sie waren hier auf Erden mein Engel.“ Wenn ich heute an Frau M. denke, dann fällt mir immer dieser Satz ein: „Wenn du anderen eine Freude machst, spürst du sie auch in dir.“

***Manche Dinge kann man nicht kaufen –
aber man kann sie durch Liebe erwerben!!!***

Ich danke Frau M. für diese wertvolle Zeit in meinem Leben.

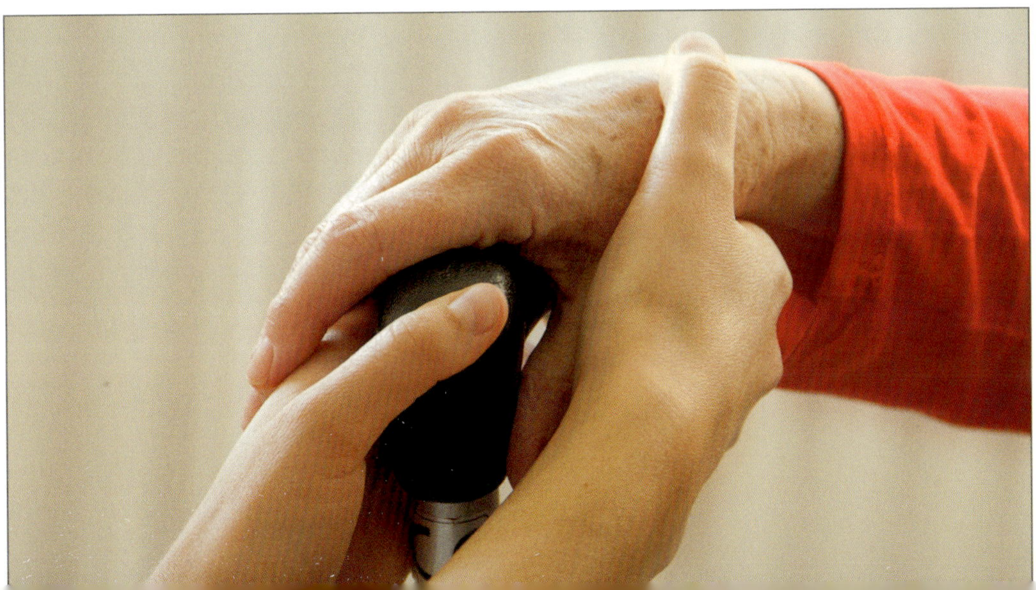

2. Begleitung von Herrn G.

Eine viereinhalbjährige Zeit, die ich in meinem Leben nie vergessen möchte.
Herr G. – ein Mensch mit einem außergewöhnlichen Schicksal:

- Dialysepatient
- krebskrank
- alleinlebend
- blind

Meine erste Begegnung mit Herrn G. hatte ich im Franziskus-Heim, wo er aufgrund seiner Krebserkrankung kurzzeitig wohnte. Aufgrund der Erkrankung und der vielen Bestrahlungen befand er sich in einem sehr schlechten Allgemeinzustand.
Wir, Prof. Dr. Ernst Schima und ich, besuchten ihn einmal wöchentlich. Jeder von uns hatte einen Part übernommen. Prof. Dr. Schima kümmerte sich um den medizinischen Teil und begleitete Herrn G. zu diversen Kontrolluntersuchungen. Für ihn war dies das schönste Geschenk, da er sich durch die medizinische Kompetenz von Prof. Dr. Schima sicher und bestens betreut fühlte.
Mein Part betraf die Seele. Bei meinen Besuchen im Heim gingen wir vorsichtig aufeinander zu und lernten uns langsam kennen. Da er nichts sehen konnte, fühlte er sich in der ungewohnten Umgebung des Heims sehr unsicher und fand sich nur schwer zurecht. Obwohl er zu Beginn nichts mit mir anzufangen wusste, gewöhnte er sich mit der Zeit an meine wöchentlichen Besuche und ich freute mich darüber. In seiner männlichen, rauen Art bekam ich gleich den Spitznamen „Mei Herzerl“. Sofort zog ich mich natürlich in meine Ameisenhöhle zurück und erklärte ihm, dass ich nicht so genannt werden möchte. Also vereinbarten wir, dass er stattdessen „Ilse“ und „Du“ zu mir sagen konnte. Es hat trotzdem einige Zeit gedauert, bis Herr G. das so akzeptieren konnte. – Eine respektvolle Abgrenzung ist sehr wichtig für diese äußerst persönliche und intensive Betreuung.

Nachdem die Bestrahlungen endlich vorbei waren, durfte er in seine vertraute Wohnung zurückkehren. Bald merkte man, dass es endlich wieder aufwärts ging. Ich wollte ihm etwas Gutes tun und besuchte mit ihm eine Selbsthilfegruppe für blinde Menschen (gut gemeint ist nicht immer richtig!).
Herr G. fühlte sich jedoch dort überhaupt nicht wohl – er weinte bitterlich. Da war mir bewusst, was Blindsein für ihn bedeutete. Es war ihm enorm wichtig, mit sehenden Menschen zusammen zu sein. Das blieb unser einziger Besuch in der Selbsthilfegruppe.
Von nun an wollte ich Herrn G. allein meine Zeit, mein Sehen und meine Vertrautheit schenken. Ich besuchte ihn immer am Samstag Morgen von sieben bis acht Uhr. Ameisen gehen ja immer ihren eingefahrenen Weg. Diese Zuverlässigkeit ist sehr wichtig für Patienten.

Den Weg von mir zu ihm ging ich stets zu Fuß, um mich gedanklich auf ihn einzulassen. Den Rückweg nutzte ich, um mich wieder zu sammeln und mich auf meine professionelle Arbeit geistig vorzubereiten. Im Frühling machte mich Herr G. – obwohl er blind war – oft darauf aufmerksam, dass ich darauf achten soll, ob ich schon Veilchen riechen kann oder sie erblühen sehe. Im Herbst gab er mir den Auftrag, ihm zu erzählen, wie sich die Blätter von Besuch zu Besuch verfärbten. Manchmal brachte ich ihm auch etwas „Lebendiges aus der Natur“ mit. Er roch dann an einem Stück Holz, fühlte einen warmen Stein oder zerbröselte ein Herbstblatt zwischen seinen Fingern. Ich denke, das tat seiner Seele gut. Für mich war das aufmerksame Gehen dieses Weges von und zu Herrn G. mein persönliches Geschenk an mich selbst! Ich entdeckte wieder den Kreislauf des Jahres. Jeder Stein und jede Pflanze wurden meine Freunde und viele Menschen, die mir begegneten, schenkten mir ein Lächeln. Mein innerer Schweinehund hatte trotz Kälte im Winter keine Chance.

Durch diesen Lebensabschnitt ist mir klar geworden, dass man sehr viel Kraft aus der Natur schöpfen kann. Sei es ein eiskalter Wintermorgen, ein dämmerndes Morgenlicht, starker Regen, rutschige Wege, eiskalte Füße und klamme Hände, ein klarer Frühlingstag, helles Vogel-

ja!
Buttermilch

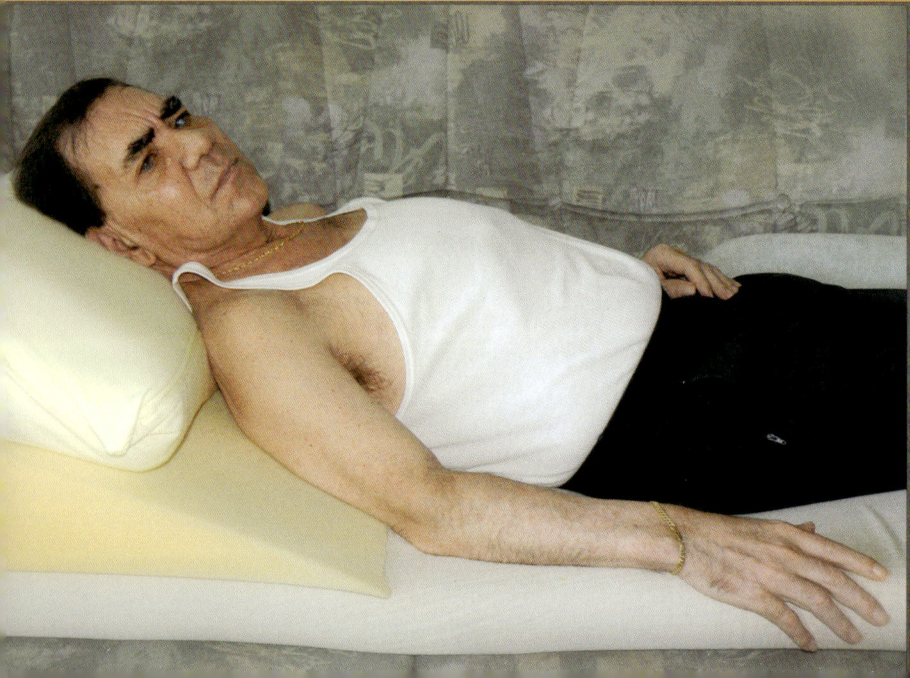

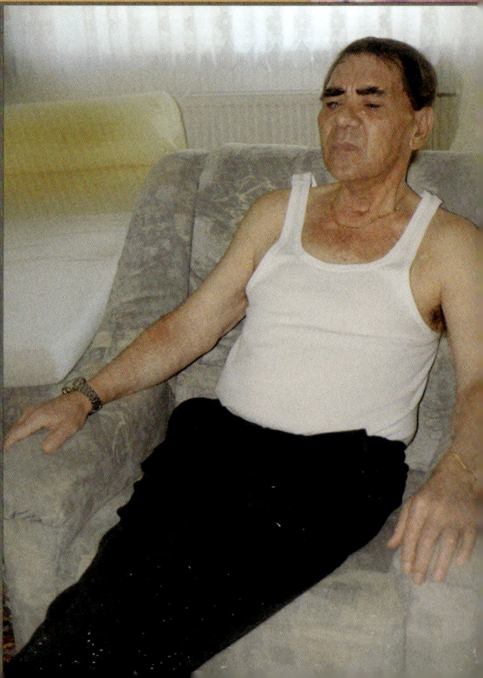

gezwitscher oder ein schwüler Sommermorgen: Es ist immer Balsam für die Seele. Lassen Sie Eindrücke der Natur bewusst zu, empfinden Sie mit allen Sinnen – das gibt auch Sinn. Ich fand mich in jeder Weise und zu jeder Jahreszeit stets selbst.

Herr G. berichtete mir bei meinen Besuchen immer über das Geschehen in der Welt. Besonders betroffen gemacht hat ihn der Freitod des Sängers Ludwig Hirsch. Wir sprachen viel miteinander – trotzdem bleibt jedem Menschen ein Geheimnis. Welche Gedanken er dazu genau hatte, wird wohl nie jemand erfahren!?!

Viele Feste feierten wir gemeinsam – wie Ostern, unsere Geburtstage, Weihnachten – wo wir einander mit Kleinigkeiten beschenkten. Unsere Freundschaft wurde immer tiefer. Als er wieder ins Krankenhaus musste, habe ich mir vorgenommen, ihn täglich eine halbe Stunde zu besuchen und ich schaffte das auch. Gemeinsam teilten wir Freud und Leid. Ich war ihm bereits sehr verbunden und fühlte beides mit ihm. Als Fotografin mit geschulten Augen saugte ich seine besondere Körpersprache und den Ausdruck seines Gesichtes auf, um es dann in Bildern festzuhalten. Es ist für mich eine besondere Ehre, dass er mir die Erlaubnis für die Veröffentlichung dieser berührenden Bilder gab.

Im letzten Jahr meiner Besuchszeit merkte ich immer mehr, dass Herr G. sich auf den letzten Weg vorbereitete. Er aß fast nichts mehr, war oft müde und antriebslos, traurig, sehr hager und sah keinen Sinn mehr im Leben. Seine Schwägerin und ich versuchten ihn immer wieder aufzumuntern, was uns auch manchmal gelang. Mittlerweile waren unsere vereinbarten Zeiten nicht mehr so streng. Ich sollte jederzeit – wenn es meine Zeit erlaubte – nach ihm sehen. Meine Intuition sagte mir, dass ich jetzt noch öfter nach ihm schauen sollte. Ich besuchte ihn schon am Freitag, obwohl am Samstag ohnedies unser Morgenritual stattfand. Auch am Sonntag spürte ich plötzlich, dass ich ihn auch jetzt besuchen sollte. Als ob der liebe Gott es wollte, kam ich gerade rechtzeitig zu den letzten Stunden im Leben von Herrn G. Sehr aufgeregt rief ich seine

Familie und den Notarzt an. Gemeinsam fuhren wir in das Krankenhaus, wo bereits ein sehr nettes Ärzteteam auf uns wartete. Ich blieb einige Stunden an seiner Seite bis sein Bruder und seine Schwägerin mich ablösten. In der Abendmesse holte ich mir wieder die Kraft und anschließend besuchte ich ihn noch einmal gemeinsam mit meinem Mann. Ich wünschte ihm noch eine „Gute Nacht", streichelte über seinen Kopf und sagte alles was mir noch wichtig erschien. Um vier Uhr morgens starb er ganz friedlich.

Als ich von der Familie gefragt wurde, ob ich bei der Gestaltung des Begräbnisses helfen würde, freute ich mich sehr und empfand es als Ehre. An einem kalten, jedoch sonnigen Wintertag trugen wir ihn zu Grabe. Das Lied von Ludwig Hirsch „Schwarzer Vogel" wurde gespielt und Prof. Dr. Schima trug einen passenden Text vor – ich bin sicher, ihm hätte es gefallen.

Ich habe in Herrn G. einen Lebensmeister gefunden und verloren. Die Zeit mit ihm und das Geschehene bleiben für immer in meinem Herzen.

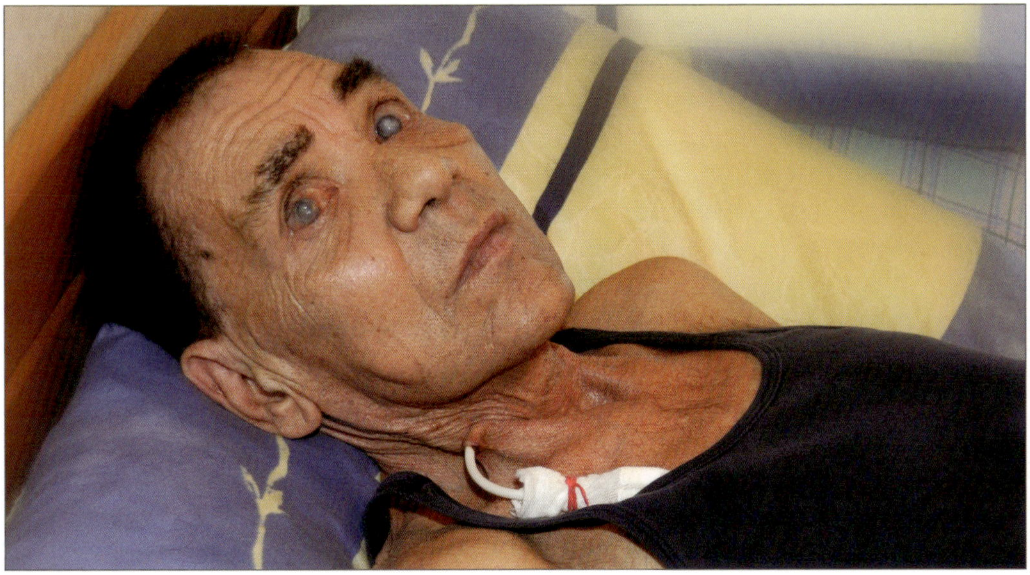

3. Begleitung einer Familie

Eine sehr liebe, langjährige Kundin, Frau E., offenbarte mir eines Tages ihr trauriges Schicksal: Ihr Ehemann litt an unheilbarem Krebs. Nachdem ich ihr von meiner Ausbildung zur Hospiz-Betreuerin erzählt hatte, lud sie mich spontan zu sich nach Hause ein. Ihr Mann, der um sein Schicksal wusste, fragte mich, ob meine Motivation als Hospiz-Betreuerin Geld sei? Ich verneinte – fast entsetzt – und erklärte ihm, dass ich diese Tätigkeit selbstverständlich unentgeltlich ausübe. Er lächelte mich schelmisch an und berichtete mir von seiner eigenen ehrenamtlichen Tätigkeit. In kurzer Zeit waren wir einander sehr vertraut.

Meine Besuche in der Familie begannen Anfang April – wöchentlich. Sehr herzlich wurde ich in den Familienkreis, bestehend aus Vater, Mutter, Tochter und Sohn aufgenommen. Oft lachten wir miteinander oder besprachen viele Themen und Probleme. Am meisten beeindruckte mich bei dieser Begleitung, wie offen und ehrlich in dieser Familie über die Krankheit des Vaters, das Leben und Sterben gesprochen wurde.

Der Sohn stand vor einer sehr wichtigen Prüfung, die er für seinen Vater mit Auszeichnung bestand. L., die Tochter, und ich wurden immer innigere Freundinnen. Um sie von ihrem Schmerz abzulenken, lud ich sie z.B. zu einem Camping-Wochenende ein und L. brachte Sonnenschein in unsere Familie. Hospiz-Arbeit bedeutet nicht nur den Patienten Zeit zu widmen, sondern auch die Angehörigen unterschiedlich und bestmöglich zu betreuen, sie abzulenken, sie aufzuheitern und sie zu unterstützen.
Frau E. pflegte ihren Ehemann mit viel Liebe und Hingabe. Die Zeit verging, der Abschied rückte näher. Der Hausarzt, der täglich die Familie besuchte, riet Frau E., die letzten Tage mit ihrem Ehemann F. in einem Hospiz zu verbringen – was diese auch tat.
Auch ich verabschiedete mich von F. und verneigte mich vor seinem Leben.
Im Kreise seiner Familie schlief er Mitte August friedlich ein.

Jetzt war der Zeitpunkt gekommen, wieder in meine Kinderschuhe zu schlüpfen, um seiner Tochter L. in ihrer Trauer um den geliebten Vater beizustehen. Mit meinen Erfahrungen durch den Tod meines eigenen Vaters konnte ich sie liebevoll und mit innerstem Verständnis hilfreich begleiten. Auf einmal wusste ich, dass meine Erfahrungen in der Kindertrauer nicht umsonst gewesen waren. Alles im Leben hat seinen Sinn!

Mit Frau E. verbindet mich auch heute noch eine tiefe Freundschaft und in unseren Gesprächen hat ihr Ehemann F. seinen festen Platz.

Gedanken zur Kostbarkeit der Familie

Das Erste,
das der Mensch im Leben vorfindet,
und das Letzte,
wonach er seine Hand ausstreckt,
und das Kostbarste,
das er im Leben besitzt,
auch wenn er es nicht beachtet
oder wahrhaben will,
ist die Familie.
(Adolf Kolping, 1813-1865)

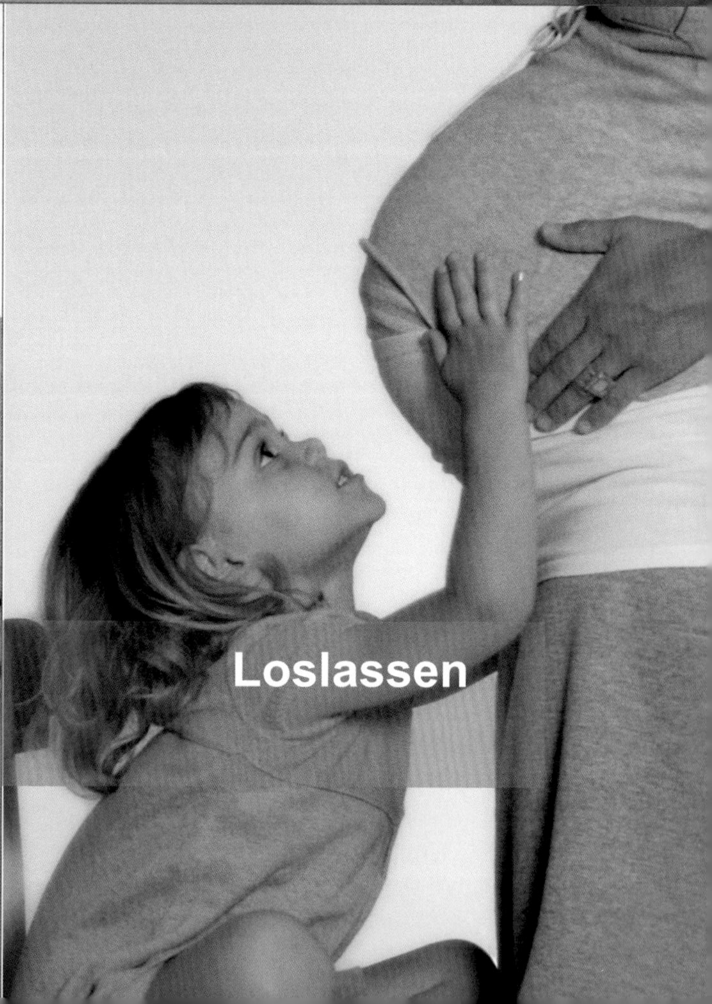

Loslassen

Kapitel 4

Loslassen

Seht, nun mache ich etwas Neues! (Jes 43, 19)

Alles hat seine Zeit!
Wer alles festhält, kann nichts Neues anfangen!
Man muss nicht loslassen, was man nicht festhält!

… alle diese Sprichwörter sind Wahrwörter – und doch fällt es uns nicht immer leicht, danach zu leben.

Meine Lieben!
Nun lade Sie herzlich ein, mich weiter auf meinem geistigen Weg zu begleiten! Den Prozess Loslassen möchte ich Ihnen in sieben Teilen verständlich machen.

Loslassen von der Geburt bis zum Tod:

1. Die Geburt

Wir …
… suchen uns ein Nest durch die Zeugung
… sind verbunden mit der Nabelschnur
… entwickeln uns zu einem Menschen
… erleben unbewusst Freud und Leid unserer Mutter
… lernen das Innenleben unserer Mutter kennen
… erleben den ersten Schmerz bei der Entbindung
… dürfen endlich schreien ...

Durch die unsichtbare Nabelschnur bleiben wir trotzdem lebenslang mit unserer Mutter auf eine wunderbare Weise verbunden.

40 Wochen entwickelt sich im Körper der werdenden Mutter das Kind und der erste große Prozess des Loslassens beginnt. Wir können Kinder begleiten, aber sie gehören uns nicht. Als Zeichen der tiefsten Liebe müssen wir sie wieder loslassen.

Lesen Sie dieses wunderbare Gedicht von einem arabischen Dichter:

Eure Kinder sind nicht eure Kinder.
Sie sind die Söhne und Töchter der Sehnsucht des Lebens
nach sich selber.
Sie kommen durch euch, aber nicht von euch.
Und obwohl sie mit euch sind, gehören sie euch doch nicht.
Ihr dürft ihnen eure Liebe geben, aber nicht eure Gedanken,
denn sie haben ihre eigenen Gedanken.
Ihr dürft ihren Körpern ein Haus geben, aber nicht ihren Seelen,
denn ihre Seelen wohnen im Haus von morgen,
das ihr nicht besuchen könnt, nicht einmal in euren Träumen.
Ihr dürft euch bemühen, wie sie zu sein,
aber versucht nicht, sie euch ähnlich zu machen.
Denn das Leben läuft nicht rückwärts, noch verweilt es im Gestern.
Ihr seid die Bogen, von denen eure Kinder
als lebende Pfeile ausgeschickt werden.
Der Schütze sieht das Ziel auf dem Pfad der Unendlichkeit,
und Er spannt euch mit Seiner Macht,
damit seine Pfeile schnell und weit fliegen.
Lasst euren Bogen von der Hand des Schützen
auf Freude gerichtet sein;
Denn so wie Er den Pfeil liebt, der fliegt,
so liebt er auch den Bogen, der fest ist.
(Khalil Gibran, 1883-1931)

Dieses Gedicht sagt einfach alles.

2. Kindergarten und Schule

Ein persönliches Erlebnis: *Da ich als AMEISE sehr viele Rituale habe, war es mein Wunsch, dass unsere Hauskatze auch Kätzchen bekommen sollte. Zielstrebig suchte ich daher nach einem wunderschönen Kater. Eine Mitarbeiterin konnte uns schließlich helfen, denn sie besaß einen schwarzen Angora-Kater. An einem Karfreitag besuchte uns der Kater und beglückte unsere Katze „Yo". Der liebe Gott suchte sich natürlich für die Niederkunft unserer Katze einen ganz besonderen Tag aus und so gebar unsere „Yo" am „Fronleichnamstag" ihre fünf niedlichen Kätzchen. Die Freude im Puchner-Lahofer Haus war riesig. Da wir zu den wenigen Familien gehörten, die bewusst keinen Fernseher besaßen, hatte ich auf einmal ein ganz spezifisches Abendprogramm. Stundenlang beobachtete ich das Verhalten unserer Katze und ihrer Jungen und lernte dadurch viel über Zuneigung, Berührung, Zärtlichkeit, Fürsorge, Autorität, Abgrenzung und Loslassen. Mir war bewusst, dass ich all diese wertvollen Eigenschaften der Katze in der Kindererziehung umsetzen kann. Die fünf Katzenkinder wurden immer größer und unsere „Yo" gab uns zu verstehen, dass ihre Kätzchen jetzt bereit wären, ihren eigenen Weg zu gehen. Es war Zeit, loszulassen.*

Für uns Menschen ist „loslassen" oft schmerzvoll, vor allem für mich. Ich gebe es zu: Loslassen tut sehr weh! Mit Beginn der Kindergartenzeit entlassen wir unsere kleinen Lieblinge meist das erste Mal in die „weite Welt"!

Die Schritte unserer Kinder werden von Jahr zu Jahr größer und somit auch ihr Radius von uns Eltern weg. Mit jedem Schuljahr wird die äußere Bindung lockerer und wir Eltern verstehen – auch wenn es im Herzen weh tut. Nun ist „loslassen" an der Zeit. Wir lernen und üben uns im Loslassen – vorsichtig Schritt für Schritt!

3. Pubertät

In den Kindern, erlebt man sein eigenes Leben noch einmal, und erst jetzt versteht man es ganz. *(S. Kierkegaard)*

Der dritte Loslassungsprozess findet dann in der Pubertät statt. Ein bekannter Buchtitel lautet: „Wenn die Eltern schwierig sind, fängt die Pubertät an!" Meist ist die Pubertät die heftigste Zeit zwischen Eltern und Kindern.

Pubertätserscheinungen:

- *plötzlich schämen sich die Kinder für ihre Eltern*
- *zehn Schritte Abstand hinter oder vor den plötzlich „uralten" Eltern zu gehen, ist die Regel bei einem Spaziergang*
- *Kinder fühlen sich total unverstanden – was oft in lautstarken Diskussionen ausartet – weil Eltern ihre Kinder plötzlich auch nicht mehr verstehen*
- *Rücksichtnahme ist ein Fremdwort*
- *Musik wird so laut gespielt, dass die Nachbarn zum Telefon greifen*
- *Partys ohne Alkohol sind öde*
- *Türen knallen in allen Richtungen*

Vielleicht hat der liebe Gott die Pubertät erschaffen, damit den Eltern das Loslassen leichter fällt ...

Meine Lieben, ich will Sie an dieser Stelle trösten, Sie sind nicht alleine – die Pubertät Ihrer Kinder ist eine normale Entwicklungsphase.
Eine nette Bekannte erzählte mir, dass sie nach einem schrecklich lautstarken Familienstreit mit der pubertierenden Tochter zu allem Überfluss noch mit dem Unverständnis und den spöttelnden Ratschlägen der Nachbarin zu kämpfen hatte. Es kam wie es kommen sollte: Vier Jahre später ereignete sich eine ähnliche Szene. Nachbars Sohn war nämlich einige Jahre jünger, kam jedoch auch in die Pubertät ... Meine Bekannte sparte sich allerdings die Ratschläge – das Leben ist ohnehin gerecht!

Was Jugendliche jetzt ganz besonders brauchen:

- *Liebe und Freundschaft*
- *Halt in der Familie*
- *Verständnis*
- *Orientierung und Vorbilder*
- *Aufmerksamkeit und Achtung*
- *Vertrauen und Zutrauen*
- *Verantwortung und Zeit*

… und natürlich immer alles in einem ausgewogenen Verhältnis – individuell, je nach momentaner emotionaler Verfassung der heranwachsenden Jugendlichen …

Uns Erwachsenen hilft da natürlich nur:
Innere und äußere Ruhe bewahren, alles Wissen erinnern und mit Herz handeln. Wichtig ist jedenfalls, dass man als Elternteil den Entwicklungsstand des „Kindes" akzeptiert und die Weiterentwicklung positiv begleiten will, sonst schafft man von sich aus zusätzliche Konfliktstoffe – das wäre ein negativer Kreislauf.
Unsere Kinder langsam, bewusst und gezielt loszulassen, ihnen aber immer Halt und Orientierung zu geben – das hat jetzt Priorität.

Freuen wir uns doch darüber, dass wir bis hierher vernünftige, selbständig denkende Kinder erzogen haben, die sich nun die Frage nach dem Sinn des Lebens stellen: Ist es ein Prinzip der Natur, dass Jugendliche den Beruf der Eltern ergreifen oder liegt der Sinn des Lebens einfach in der Arterhaltung? Welche Talente soll man fördern und wozu braucht man Vorbilder? Gibt es eine Bestimmung – wenn ja, wer bestimmt? Sollte ein Mensch seinen persönlichen Wertevorstellungen folgen und woher kommen diese Werte, wer hat sie festgelegt?

Den richtigen Weg im Leben zu finden, halte ich für echte Lebenskunst.

4. Auszug aus dem Elternhaus

Meine zwei Töchter machten mir das Leben besonders „leicht“, denn sie verließen zeitgleich das elterliche Nest. Ilse, die Erstgeborene, zog zu einer Freundin, sie war damals 20 ½ Jahre jung. Heidemarie fühlte sich schon mit 17 Jahren erwachsen genug, um mit ihrem Freund zu leben. Ein Schock auch für den Vater, der die Kinder genauso wenig loslassen konnte wie ich. Ich tröstete mich von Wochenende zu Wochenende.
Eine kleine ungewöhnliche Geschichte, die Sie vielleicht im ersten Moment belächeln werden. Für mich hatte sie jedoch einen tiefen Hintergrund.
Ich hatte das Glück, dass ich zu Beginn des Auszugs die Wäsche meiner Töchter waschen und bügeln durfte. Fast höre ich jetzt die spöttischen Aufschreie meiner Leserinnen und Leser! Bügeln ist für mich jedoch eine meditative Beschäftigung, bei der man sehr gut seinen Tagträumen nachhängen kann. Beim liebevollen Bügeln der Wäsche meiner Töchter versuchte ich also, ihnen die Streicheleinheiten unsichtbar mitzugeben, von denen ich meinte, dass sie ihnen so wichtig wären wie mir auch. Bei dieser Tätigkeit war es mir möglich, meine Mädchen in etwas anderer Weise zu berühren, was ja sonst nicht mehr so oft möglich war. Eine zugegebenermaßen sehr außergewöhnliche Therapie für mich.

Da Sie ja wissen, dass die Zahl 7 eine besondere Zahl für mich ist, habe ich mir ein besonderes Ritual angeeignet: Ich erledige angenehme wie auch unangenehme Arbeiten innerhalb von 77 Stunden. Als AMEISE freue ich mich dann immer über meine Erfolgserlebnisse und bin stolz darauf, dass ich meinem inneren „Schweinehund“ keine Chance lasse. Erledigte Arbeit kann ich dann wieder loslassen.

5. Oma und Opa

„Zum Glück haben unsere Kinder Großeltern; die zeigen uns immer wieder, wie man an unseren Kindern Freude haben kann.“ (Hugo Weyermann)
Die Zeit vergeht, die Kinder haben ihre Partner gefunden und ihr eigenes Nest gebaut. Der Familiengründung steht also nichts mehr im Wege. An einem sonnigen Tag erfuhren wir doch sehr überrascht, dass wir Großeltern werden. Der anfänglich überschwänglichen Freude folgte der

Schock – der Generationswechsel. Das bedeutet den Abschied vom eigenen „Jungsein“ – wieder einmal müssen wir loslassen.
Aber wir wissen: „Ohne „Loslassen“ kannst du nichts Neues gewinnen!“ Wer also loslässt hat nun wieder die Hände frei – zum Beispiel für die Enkelkinder.

Enkelkinder zu beschenken heißt:

- *da sein, wenn man gebraucht wird*
- *Dinge entdecken, die uns als junge Eltern nicht bewusst waren*
- *sorglos die Zeit mit Spielen zu verbringen*
- *versuchen, eigene Erziehungsfehler zu revidieren*
- *Erfahrung weitergeben*
- *dankbar sein für die nächste Generation*
- *Werte vermitteln und Freude schenken*

Großeltern sind aus biologischen Gründen nicht mehr jung, dafür aber sind sie erfahren in vielen Bereichen und vor allem die beste Adresse um Geborgenheit zu schenken. Sie schenken bedingungslose Liebe und spüren mit Wohlwollen, wie das Leben seinen natürlichen Kreislauf weitergeht. Alle Großeltern haben die liebsten, schönsten, intelligentesten Enkelkinder, das ermöglicht einfach die „Liebe“. Denn Liebe bedeutet, jemanden zu akzeptieren, so wie er ist, auch mit eventuellen Schwächen. Leben mit Enkelkindern bringt Großeltern zurück in die wunderschöne Zeit der Kindheit, als man im Spiel total im Hier und Jetzt verweilen konnte. Großeltern können bewusst jede Minute genießen – im Bewusstsein der eigenen Endlichkeit. Sie können durch die besondere Liebe zu den Kindern oft unerwartet neue Energie mobilisieren und spüren plötzlich weder Rücken- noch Knieschmerzen, wenn sie mit den Enkelkindern am Boden um die Wette krabbeln. Opa kann das leise Rufen der Kleinen viel besser hören als die laute Stimme von Oma, diese wieder sieht ganz liebevoll auch ohne Brille, dass das ungelenk gekritzelte „Strichmanderl“ sie selbst darstellt.

„Liebe gibt Kraft und Glaube versetzt Berge.“ –
Ich glaube daran – liebevoll!

6. Ruhestand

Das Loslassen des Arbeitsprozesses stellen wir uns leichter vor als es letztendlich ist. Das Altern rückt immer näher, beruflich wird man nicht mehr so gebraucht und man muss erst lernen, seine eigene Wertschätzung erneut zu finden und die Anerkennung von außen nicht allein über Arbeit zu erlangen. Noch etwas Wichtiges: Die Vorbereitung auf den Ruhestand muss unbedingt während des Arbeitslebens beginnen, sonst macht eventuell der ausgebeutete Körper nicht lange mit oder er ergibt sich frühzeitig einem stressbedingten Herzinfarkt.

Bei vielen Menschen entsteht durch den Eintritt in den Ruhestand eine gewisse Leere, die man lernen muss, selbst auszufüllen. Das heißt, man muss oder darf sich seiner selbst bewusst sein, versteckte Interessen wieder aktivieren, Talente neu entdecken und sich lang gehegte Wünsche erfüllen. Die lang ersehnte Freiheit steht uns nun großzügig zur Verfügung. Ruhestand soll keinesfalls Stillstand bedeuten, sondern Zeit für etwas anderes.

Sei es …
… gemeinsam reisen
… Hobbys pflegen und Neues erlernen
… freie Zeit genießen
… Betreuung der Enkelkinder
… Pflege der Eltern
… soziales Engagement
… Talente bewusst einsetzen

Lassen Sie Ihre bisherigen Aufgaben los und freuen Sie sich über das noch unbekannte Zeit-Geschenk, nützen Sie es zur inneren Entfaltung und Bereicherung Ihres bisherigen Lebens. Sie werden in der Muße manch Unbekanntes in sich entdecken und viel Schönes erleben. Sehen Sie das Älterwerden als Erlebnis – dann ist es auch ein schöner, reicher Lebensabschnitt! Wie so oft in unserem Leben erzielen wir mit guter Vorbereitung viel bessere Ergebnisse. Daher habe ich bereits meine Zeit nach dem aktiven Berufsleben schon gut vorbereitet. Wenn ich mein Unternehmen an die nächste Generation übergebe, dann werde ich mein Leben vor allem durch meine umfangreiche freiwillige Sozialarbeit sehr erfüllt gestalten. Ich habe Kinder und Enkelkinder, die ich nicht festhalte, für die ich aber gerne da bin, wenn sie es wollen. Ich liebe das Leben.

Ich kam zur Erkenntnis:
„Ilse, dein Leben hat genau den Sinn, den Du ihm gibst!"

7. Trennungen

Eine sehr schwierige Form des Loslassens ist eine Trennung vom Lebenspartner – nicht durch den Tod, sondern weil der Andere es so will. Für den Verlassenen bricht eine Welt zusammen und die Lebensfreude ist schwer beeinträchtigt. Verzweiflung, Kränkung, Wut, Eifersucht, Rache, Angst und Einsamkeit bestimmen dann das Leben. Bei all diesen Gefühlen haben gute Gedanken beinahe keinen Platz mehr. Doch genau jetzt wären sie unbedingt vonnöten. Man befindet sich in einem Teufelskreis. Die Fragen und Sorgen reichen von „Warum hat er oder sie mir das angetan?" und „Was habe ich nur falsch gemacht?" bis zu „Wie soll es nun weitergehen?" und „Ich schaffe das nicht!". Diese Spirale darf sich nicht weiter nach unten drehen, sondern muss unterbrochen werden.
Wichtig ist in dieser Phase, dass die Betroffenen nach einer vernünftigen Reflexion diese Ängste und Zweifel wieder loslassen können und zu einem Neustart in ein Leben mit Selbstvertrauen und Zuversicht finden. Die Lebensfreude muss wieder einkehren.
Meist kommt es zu Trennungen, wenn sich die Lebenspartner in verschiedene Richtungen entwickeln und Gemeinsamkeiten verlorengehen. Kann einer der Partner mit der veränderten Situation nicht umgehen, kommt es oft zu Krisen und einer bleibt auf der Strecke. Es ist daher wichtig, dass die ‚Ex-Partner' sich Zeit nehmen, um ihre Gefühle zu klären und die Gründe für das Scheitern aufzuarbeiten. Erst wenn dies geschehen ist, ist der Weg in die Zukunft ohne Groll und verzerrte Erinnerungen frei.

Ich habe in meinem Leben immer sehr viele Ziele. Als junges Mädchen hatte ich folgende Berufswünsche: Fotografin, Lehrerin und Psychologin. Ich habe es geschafft, dass ich heute all diese Träume in einer besonderen Art ausleben kann. Da ich eine gute Zuhörerin bin und aus ehrlicher Anteilnahme viele geschilderte Situationen hinterfrage, entstehen meist sehr gute Denkanstöße für die Betroffenen. Einige Ehepaare aus meinem Freundeskreis schenkten mir ihr Vertrauen, sie bei ihren Trennungen zu begleiten.

Was habe ich gelernt und was habe ich weitergegeben?

Trennung bedeutet:

- *Einsamkeit*
- *Traurigkeit*
- *Schmerz zulassen*
- *mit Wut umgehen lernen*
- *Auflösung des gemeinsamen Haushaltes*
- *Vergangenheit loslassen*
- *klaren Kopf behalten und nach vorne schauen*

Meine Aufgabe war es, die betroffenen Freunde zum Essen einzuladen und ihnen einfach zuzuhören. Auch in dieser Situation sehe ich das Geschenk – Zuhören kann bereichern. Die Betroffenen fühlen sich angenommen und verstanden, können sich öffnen und durch die Reflexion können sie ihre Probleme aufarbeiten.

Mit einer ganz besonders lieben Freundin hatte ich ein Ritual: Ich brachte ihr jeden Tag ein gesundes Frühstück an ihren Arbeitsplatz. Damit habe ich ihr gezeigt, dass ich jeden Tag an sie denke. In Krisenzeiten sind Freunde besonders wichtig – einfach um zu zeigen: „Du bist nicht allein – ich bin gerne als Freundin für Dich da!"

Einer weiteren Freundin, mit der ich auch heute noch innigen Kontakt habe, zeigte ich meine Zuneigung, indem ich sie täglich morgens telefonisch geweckt habe. Manchmal führten wir längere, manchmal auch nur kurze Gespräche. Reden erleichtert sehr – durch das Erzählen erkennt

der Betroffene auch häufig selbst andere Perspektiven. Manchmal ist Schweigen die beste Antwort.
Oft war auch mein Mann bei den Gesprächen anwesend und so hatten wir die Chance, auch für unsere eigene Beziehung einiges zu lernen. Freundschaft bedeutet, füreinander da zu sein, wenn man gebraucht wird.

Ein Spruch, den mir einmal eine alte Bäuerin sagte, passt hier sehr gut:

Als es mir gut ging auf Erden
wollten alle meine Freunde werden.
Als ich kam in bittere Not
waren alle meine Freunde tot.

Manchmal entstehen durch Enttäuschungen und Trennungen echte Sinnkrisen. Dabei ist es unbedingt wichtig, sich mit sich selbst und der Situation auseinanderzusetzen.

Zu klären sind folgende Fragen:

- *Warum ist diese Situation entstanden?*
- *Wo stehe ich jetzt?*
- *Was muss ich ändern?*
- *Welche Möglichkeiten gibt es an dieser Stelle?*
- *Wie kann ich materiell meine Zukunft sichern?*
- *Wie kann ich den Dialog fördern?*
- *Wohin will ich und warum? (Sinnfrage)*

Unser Lebensweg ist sehr abwechslungsreich. Viele Menschen treten in unser Leben, manche weilen länger, manche kürzer, aber alle hinterlassen Spuren in unseren Herzen. Wichtig ist, dass unsere Lebensbegleiter bei uns Halt machen dürfen – aber wir dürfen sie nicht daran hindern, weiterzuziehen. Auch hier müssen wir wieder loslassen.

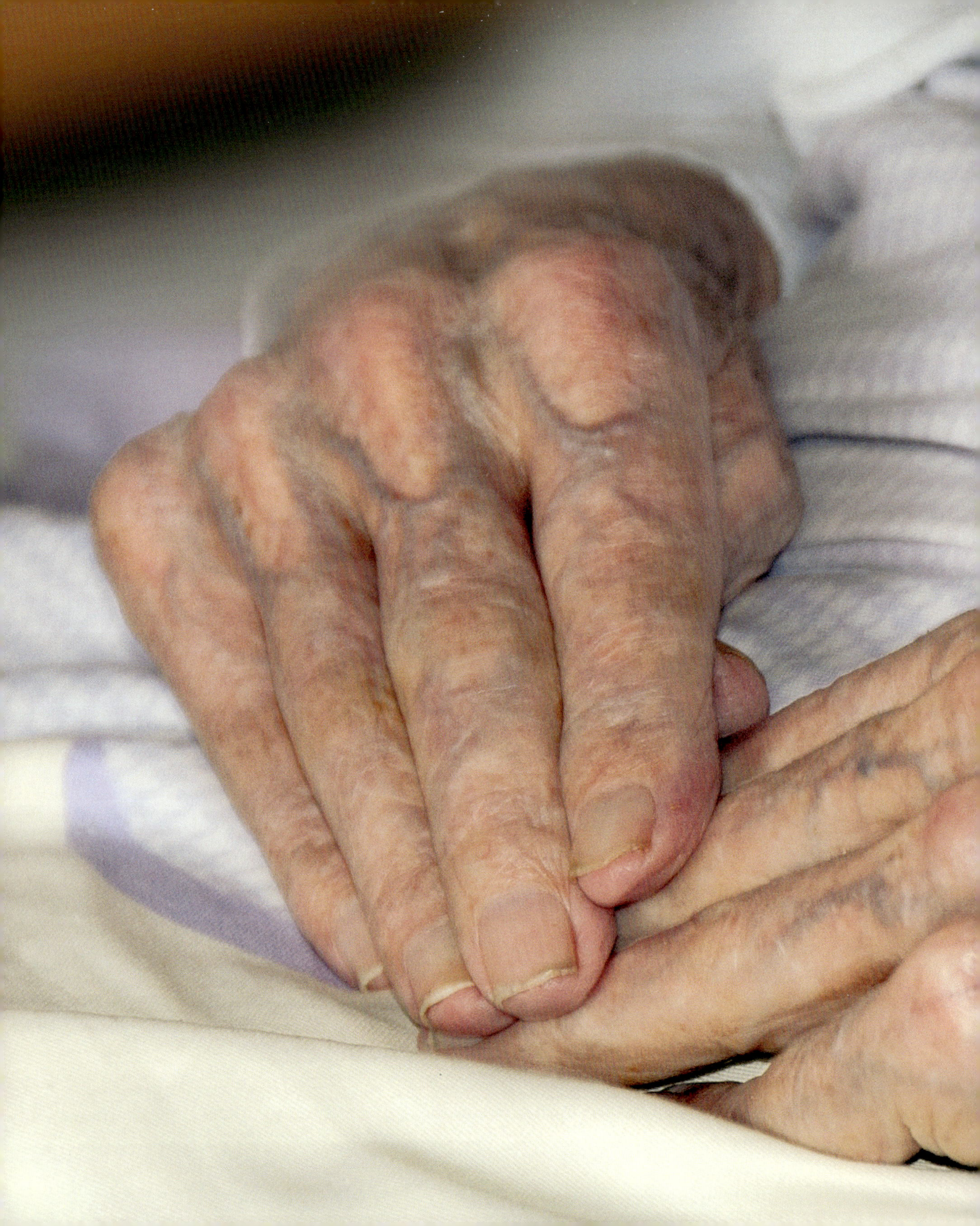

Betreuung und Pflege im Alltag

Kapitel 5

Betreuung und Pflege im Alltag

„Pflege ist, all das für einen Menschen zu tun, was er selbst tun würde, hätte er die Kraft, den Willen und das Wissen dazu!“

Das Leben ist ein Kreislauf: Wenn wir zur Welt kommen und bevor wir diese verlassen, brauchen wir Pflege und besondere Betreuung. Es ist schön und meist sehr angenehm, wenn das in den Familien in gerader Linie funktioniert, wenn alle Beteiligten es können und auch wollen. Manchmal ist es nur Pflichtbewusstsein oder Dankbarkeit ohne innere Haltung – dann wäre möglicherweise professionelle Betreuung vorzuziehen. Oft resultiert die Pflegebereitschaft aus ungelösten kindlichen Abhängigkeitsbedürfnissen oder aus dem Bestreben, wenigstens im Alter einmal von den Eltern akzeptiert zu werden. Ich halte es jedenfalls für eine reife Entwicklungsstufe, wenn man die Pflege von Angehörigen gerne übernehmen kann und will. Wie auch immer, das Zusammensein kann sehr wertvoll und sinnstiftend sein.

Krankheiten machen die Menschen sensibler und schutzbedürftiger. Jeder von uns hat schon einmal die Situation erlebt, dass er sich bei Krankheit nach vermehrter Liebe, Geborgenheit, tiefer Zuneigung, Herzenswärme, nach einem guten Gespräch, einer haltenden Hand und vor allem nach geschenkter Zeit sehnt. Wenn diese Sehnsüchte dann gestillt werden, geht es uns meist psychisch viel besser.

Erfahrungen im Krankenhaus

Da ich als Ameise ein Morgenmensch bin, liebe ich es, den Tag erwachen zu sehen. Das Licht des Morgens schenkt mir Ruhe und Kraft für den ganzen Tag. Für mich ist das frühe Aufstehen ein sehr wirksames Mittel um Stress zu vermeiden. Heute weiß ich, wenn ich mir Zeit für mich nehme, stehe ich nicht so unter Druck.

***Mein Credo:** „Wenn du es eilig hast, gehe langsam!“*

In meiner ehrenamtlichen Tätigkeit als Kommunionspenderin, Hospiz-Begleiterin oder wenn ich einfach kranke Menschen privat besuche, bin ich sehr oft in Krankenhäusern unterwegs. Gerne setze ich mich danach in eine stille Ecke, lasse die Ereignisse nachklingen und beobachte das Treiben in diesen sehr wertvollen Einrichtungen – in meinen Gedanken nenne ich sie „Ameisenbau“. Hier scheint die Zeit nie still zu stehen.

Für Untersuchungen im Labor oder in der Ambulanz setze ich mich oft schon eine Stunde vor der Öffnungszeit in den Warteraum. Ich nütze diese Ruhezeit zur Entspannung und auch um die an mir vorübereilenden Menschen – seien es stationäre Kranke oder ambulante Patientinnen oder aber auch Mitarbeiter des Krankenhauses – zu beobachten. Auch wenn viele rastlos wirken – ich komme trotzdem so zur Ruhe und denke viel über das Leben in den verschiedensten Facetten nach. Ich überprüfe meine Wertewelt und ordne sie manchmal für mich neu. Ich reflektiere meine persönliche Situation und erkenne, dass mich nur kleine Alltagssorgen belasten im Vergleich mit vielen Betroffenen in diesem Haus. Zufrieden und mental gestärkt verlasse ich dann „meinen Ameisenbau“.

Pflege im Krankenhaus und in der REHA

Da meine Mutter am 19. 02. 2012 gestorben ist, habe ich um diese Zeit besonders viele Stunden und Tage im Krankenhaus verbracht. Das bot mir vielfach Gelegenheit, den Alltag der Ärzte, die fachliche und aufopfernde Arbeit der Krankenschwestern und Pfleger sowie die wichtigen Tätigkeiten des Reinigungspersonals zu beobachten. Für mich war es sehr interessant zu erleben, wie die Mitarbeiter des Krankenhauses mit den Patienten umgehen. Mein täglicher Part war es, mit meiner geliebten Mutter Zeit beim Frühstück zu verbringen. Ich erlebte, wie liebevoll die Patienten geweckt wurden, wie sie das gewünschte Frühstück ans Bett gebracht bekamen, danach routiniert gepflegt wurden und ihre Medikamente erhielten.

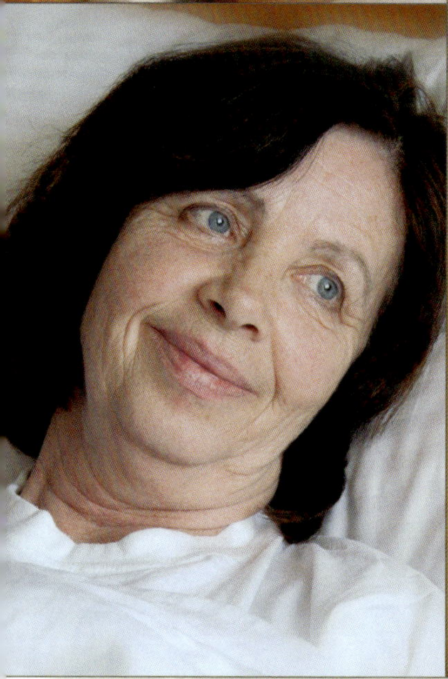
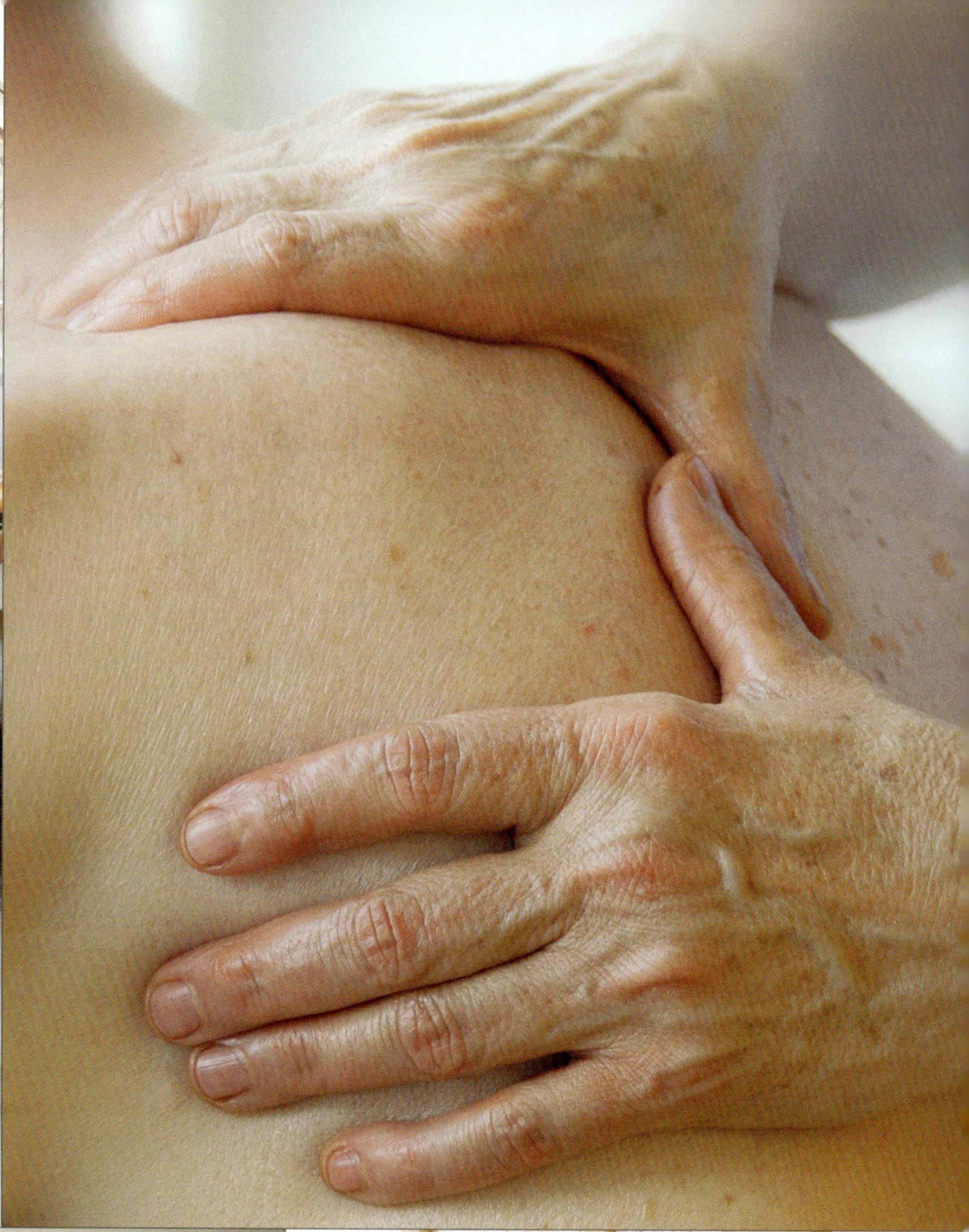
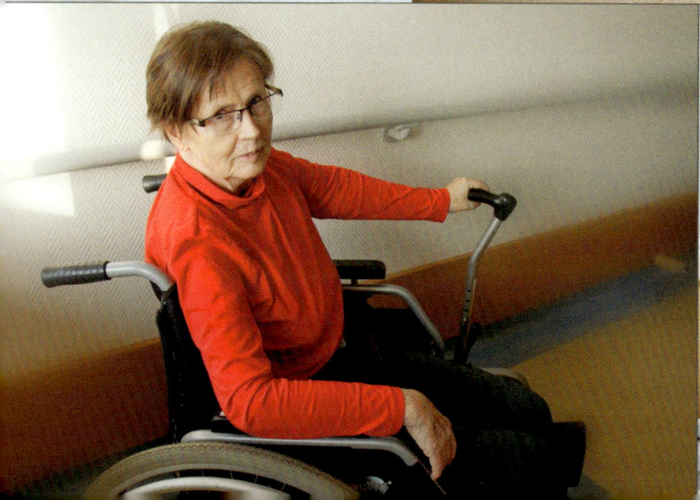

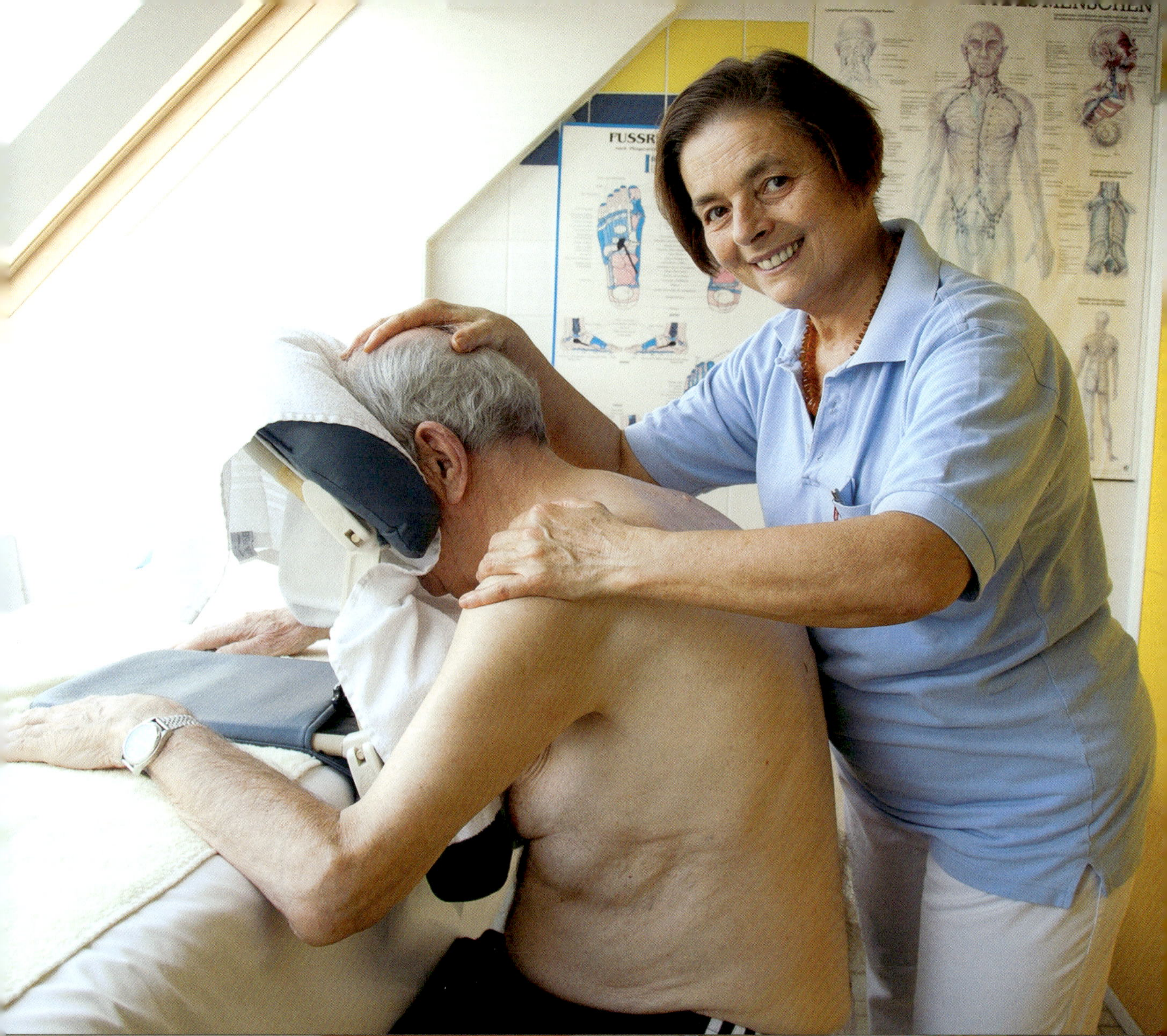

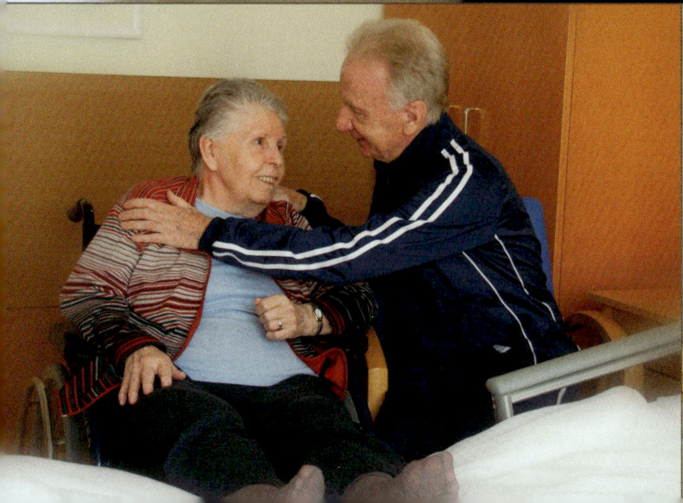

Ein Monat vor dem Tod meiner Mutter verbrachte ich an einem Sonntag zwölf Stunden an ihrem Krankenbett. Für mich war dieser Tag nicht nur deshalb so wertvoll, weil ich so viel Zeit mit meiner Mutter verbringen durfte, sondern weil ich auch mit dem Personal sehr viel reden und plaudern konnte. Durch diese Gespräche lernte ich viele Mitarbeiter mit großer Herzenswärme kennen, die kompetent und liebevoll die ihnen anvertrauten Patienten pflegen. Manche Menschen sind der Meinung, Pflegepersonal oder Ärzte seien unnahbar – das ist jedoch nur der Schutz für deren eigene Seelen. Auch für uns ist es wichtig, sich manchmal symbolisch einen großen Schutzmantel umzulegen, damit uns manche Dinge nicht so sehr belasten. Wenn wir uns nicht schützen würden, wäre unser Energiepegel bald sehr tief gesunken.
Wenn ich Menschen im Krankenhaus besuche, bemühe ich mich, meinen Besuch in der Regel auf eine halbe Stunde zu beschränken, weil jeder Besuch für den Patienten Kraft und Energie kostet, auch wenn er noch so sehr willkommen war.

Ähnlich verhält es sich bei Rehabilitationszentren.

Besonders hervorheben möchte ich die Klinik Bad Pirawarth:
„Hier arbeiten Menschen für Menschen im Team zurück ins Leben!"
Dieser Slogan stimmt absolut.

Das privat geführte Kur- und Rehabilitationszentrum für Neurologie und Orthopädie liegt nordöstlich von Wien im niederösterreichischen Weinviertel. Die Klinik wurde 1998 eröffnet und ist seitdem für viele Menschen zum Zentrum für Genesung und neue Lebensfreude geworden. Positive Einstellung und die motivierende Haltung aller Klinikangestellten sind entscheidend verantwortlich für den Aufbau zwischenmenschlicher Beziehungen und für die rasche Genesung der Rekonvaleszenten. Schon beim ersten Willkommensgruß erfahren die Patientinnen und Patienten Achtung und echte Wertschätzung. Hier wird auf die persönlichen Bedürfnisse jedes Einzelnen eingegangen. Dadurch wird das Vertrauen geschaffen, das den gesamten Rehabilitationsprozess positiv beeinflusst.

Ich bin mit dem Haus schon seit Beginn des Bestehens herzlich verbunden, da ich den ersten Folder für die Klinik erstellen durfte. Für diese Arbeit benötigte ich vierzehn Tage. Während dieser Zeit hatte ich die Gelegenheit, sowohl das Kurzentrum als auch die ersten Patienten bildlich festhalten zu dürfen. Ich fühlte mich dabei sehr wohl und kann nur Positives berichten. In der Klinik Bad Pirawarth werden sowohl Menschlichkeit als auch Ganzheitlichkeit ganz groß geschrieben und auch gelebt.

Die Klinik wird nach einem wunderbaren Leitsatz von Virginia Henderson geführt.

„Pflege ist, all das für einen Menschen zu tun,
was er selbst tun würde, hätte er die Kraft,
den Willen und das Wissen dazu!"

2012 wurde ich von der Klinik Bad Pirawarth wieder eingeladen, um neuerlich zu fotografieren. Einen Teil der aktuellen Bilder können Sie hier im Buch sehen. Während meiner Arbeit wurde ich von Schwester E. und Pfleger L. begleitet, die den Patienten sehr liebevoll meinen Wunsch präsentierten und mir dadurch die Arbeit erleichterten. Die PatientInnen waren sehr freundlich und aktiv bei der Sache, wodurch ich die Bilder viel emotionaler gestalten konnte.

Hauspflege

Ich bin da! (Ex 3,14)

Ein beachtlicher Teil der Pflege kommt der Hauspflege durch Angehörige zu. Am besten erzähle ich Ihnen eine Geschichte, die das Leben schrieb: *Ein ganz besonderes Ehepaar teilte seine gemeinsamen Lebensjahre nicht zu zweit, sondern lebte seit seiner Hochzeit vor ungefähr fünfzig Jahren gemeinsam mit der Mutter der Braut in einem Haushalt, also zu dritt. Diese Mutter war jung verwitwet und eine sehr starke Frau, die ihre Tochter allein aufgezogen hatte. Was das Leben von ihr verlangte, hatte sie sicher sehr stark und selbstbewusst werden lassen. Sie war als ausgezeichnete Sängerin erfolgreich und wirkte im Alter viele Jahre sehr*

aktiv in Seniorenorganisationen mit. Sie ist eine Frau, die auch heute noch genau weiß, was sie will. Sie nimmt keinerlei Medikamente; als einzige Medizin lässt sie täglich ein ganz besonderes 1/8 l Wein gelten – und da lässt sie sich auch heute noch nichts vormachen.
Die betagte Dame ist nun 102 Jahre alt, nicht zuletzt durch die Liebe und aufopfernde Pflege durch Tochter und Schwiegersohn. Die Enkel und Urenkel entlasten manchmal ihre Eltern, damit diese zur Entspannung wenigstens einen kurzen Radausflug unternehmen können. Nicht jeder hat die Möglichkeit und Kraft, diese Belastung auf sich zu nehmen wie diese großartige Familie.
Nach meinem Besuch ging ich sehr nachdenklich nach Hause. In Gedanken erinnerte ich mich an den Satz einer sehr alten und stets tätigen Frau: „Alles, was man gerne tut, das fällt einem leicht!“ So muss es wohl sein. Mit Respekt und Hochachtung verneige ich mich vor diesem selbstlosen Ehepaar.

Eine andere Art der Hauspflege ist die Heimhilfe oder der mobile Pflegedienst. Die Hauskrankenpflege ermöglicht es den Betreuten durch professionelle Hilfe ihre Gesundheit und Selbstständigkeit zu bewahren oder manchmal auch zurückzugewinnen. Die Heimhelferinnen wiederum unterstützen die PatientInnen bei der Lebens- und Haushaltsführung, wie z.B. bei der Körperpflege, etc. und geben den Pflegebedürftigen so die Chance, so lange wie möglich in ihrer vertrauten Umgebung leben zu können. Diese Art der Unterstützung wird eher angenommen, da sie temporär stattfindet und man sich im gewohnten Umfeld wohler fühlt.
Anders bei der 24-Stunden-Pflege; hier ist zu berücksichtigen, dass die Atmosphäre innerhalb der Familie stark verändert wird. Die Pflegebedürftigen müssen sich an zwei unterschiedliche Mitmenschen gewöhnen, die rund um die Uhr das Leben teilen und vielfach auch im bisher eigenen Heim vieles bestimmen. Dies kann positiv verlaufen und nicht selten entwickeln sich dann zwischen den Patienten und dem Pflegepersonal sehr innige Beziehungen. Wenn dieses gegenseitige Vertrauen beiderseits entsteht, dann ist umfassende Betreuung sehr wohltuend für die Seele.

Die Pflege eines Angehörigen erstreckt sich oft über Jahre und wird zu einem prägenden Teil des eigenen Lebens und der gesamten Familie. Daher ist es wichtig, gemeinsam mit dem Pflegebedürftigen die Entscheidung zu treffen, welche fachliche Hilfe anzunehmen ist, beziehungsweise ist diese auch der Bedürftigkeit anzupassen.

Pflege von Demenzkranken

Ein schöner Aspekt unseres Jahrhunderts ist, dass wir Menschen immer älter werden. Das heißt, der Lebensabschnitt des „Altseins", des Kräfteabbaus wird verlängert. Das bedeutet aber auch, dass wir den alten Menschen mehr Zeit schenken dürfen. Jede gute menschliche Zuwendung wirkt positiv auf Körper und Geist. Durch das „längere Leben" wächst auch der Anteil an Demenzerkrankungen mit all seinen Auswirkungen, die diese Erkrankung für die Betroffenen und ihre Umwelt mit sich bringt.

Die ersten Anzeichen einer Demenz werden oft übersehen. Zu Beginn steht die zunehmende Vergesslichkeit, das Kurzzeitgedächtnis lässt einfach nach. Dinge werden verlegt, Namen sind nicht präsent, die richtigen Worte können nicht ausgesprochen werden, bisher gewohnte Tätigkeiten werden vernachlässigt, langsam geht die Orientierung verloren, selbst im eigenen Heim. Die Erkrankten finden sich in ihrem Umfeld immer schwerer zurecht. Es kommt zu körperlichen und geistigen Einschränkungen und im fortgeschrittenen Stadium zum Verlust der Persönlichkeit. An Demenz erkrankte Menschen kehren gedanklich in die Kindheit zurück, sie leben einsam in geistiger Vergangenheit, irgendwie in ihrer eigenen Welt. Wenn man mit einer an Demenz erkrankten Person in Beziehung treten möchte, ist es notwendig, die eigenen Schuhe auszuziehen und in die des Kranken zu schlüpfen. Die Gefühlswelt überdeckt die Vernunftebene.

Es ist für Angehörige sehr schwer zu ertragen, wenn sie erkennen, wie Vater oder Mutter die einfachsten Verrichtungen des Alltags nicht mehr bewältigen können. Nicht nur die Gedächtnisleistungen lassen nach, auch die persönliche Welt verändert sich. Ängste und Aggressionen führen häufig zu Wutausbrüchen in schwierigen Situationen, wenn sie sich unverstanden fühlen. Die Angehörigen sind gefordert zu lernen, damit umzugehen, vor allem Verständnis zu zeigen, was wiederum sehr viel Kraft und Energie kostet. Nur die Liebe kann vor allem den älteren Lebenspartnern diese Kraft schenken.
Voraussetzung für das richtige Verhalten ist auch viel über diese Erkrankung zu wissen, um besser zu verstehen und zu akzeptieren, dass der geliebte Mensch eine enorme Wesensveränderung durchmacht und dadurch schwer bis überhaupt nicht erreicht werden kann. Der Kranke kann wirklich nicht in unsere Verständniswelt, nur wir in der Betreuung können über den emotionalen Weg Zugang zu den Patienten erlangen.

Die sicherste Brücke ist nur die Liebe:
„Wer den anderen liebt, lässt ihn gelten,
so wie er ist, wie er gewesen ist und wie er sein wird.“
(Michel Quoist)

Eine gute Bekannte sagt es sehr bildhaft: Sie geht nun über die Brücke zur demenzkranken Mutter – auf Augenhöhe. (Wir erinnern uns: Mutter machte sich klein, um mit uns Kindern auf gleicher Höhe zu sein.) Wenn man in die Welt der Demenz zu Besuch kommt, dann erlebt man eine sehr gefühlvolle Welt. Es ist wichtig, den Betroffenen Sicherheit, Geborgenheit, Vertrauen, Zugehörigkeit, Zuneigung, Verständnis und Liebe entgegenzubringen. Es ist empfehlenswert, nicht ungeduldig zu werden, wenn der Erkrankte immer wieder die gleichen wiederkehrenden Sätze sagt und immer die gleichen alten Geschichten erzählt oder alte Kinderlieder singt. Es fällt leichter zu akzeptieren, wenn wir uns an die Kindheit erinnern: Die Kinder sind neugierig und fragen manchmal ohne Unterbrechung.

Beispiele aus dem Leben:

1. Der Vater eines Freundes sagt, sobald er in ein Auto steigt: „Weiß jemand, wohin die Reise geht?“ Dieser Satz wiederholt sich bis man am Ziel angekommen ist – unendlich oft.

2. Eine liebe alte Frau konnte keinen Schlaf finden. Ärzte und Betreuerinnen versuchten mit Hilfe verschiedener Medikamente ihr beim Einschlafen zu helfen – erfolglos. Nach zahllosen Versuchen fanden sie die richtige Therapie – einen wunderschönen weißen Plüschhasen. Friedlich und glücklich kuschelte sie den ganzen Tag mit dem Tier und abends schlief sie friedlich ein. Auch am Ende ihres Lebens war der Plüschhase eine große Hilfe für sie.

3. Einer demenzkranken Frau war in jungen Jahren ein Kind gestorben. Da sie geistig in ihrer Vergangenheit verweilte, durchlebte sie diese Trauerphase immer und immer wieder. Eine weiche Babypuppe gab ihr Halt und Trost und sie wurde ruhig und zufrieden.

Man sollte auch nicht versuchen, Demenzkranke umzuerziehen – es kann ohnehin nicht gelingen. Hat die Person z.B. immer eine Handtasche bei sich gehabt, sollte sie diese auch weiter tragen dürfen – auch wenn es nicht immer passend erscheint. Der Patient wird sonst suchend und damit unsicher. Es ist auch ratsam, in kurzen einfachen Sätzen zu sprechen und den an Demenz erkrankten Patienten viel zu loben. Keine Zurechtweisungen!

Im Zuge meiner Ausbildung zur Hospiz-Begleiterin hatte ich die Möglichkeit, mir ein Grundwissen über die Validation nach Naomi Feil anzueignen.

Es gelten dabei die 10 Grundsätze der Validation:

- *Alle Menschen sind einzigartig und müssen als Individuen behandelt werden.*
- *Alle Menschen sind wertvoll, ganz gleichgültig, in welchem Ausmaß sie verwirrt sind.*
- *Es gibt einen Grund für das Verhalten von verwirrten, sehr alten Menschen.*
- *Verhalten im sehr hohen Alter ist nicht nur eine Folge anatomischer Veränderungen des Gehirns, sondern das Ergebnis einer Kombination von körperlichen, sozialen und psychischen Veränderungen, die im Laufe eines Lebens stattgefunden haben.*
- *Sehr alte Menschen kann man nicht dazu zwingen, ihr Verhalten zu ändern. Ein Mensch ändert sein Verhalten nur, wenn er es will.*
- *Sehr alte Menschen muss man akzeptieren, ohne sie zu beurteilen.*
- *Zu jedem Lebensabschnitt gehören bestimmte Aufgaben. Wenn man diese Aufgaben nicht im jeweiligen Lebensabschnitt schafft, kann das zu psychischen Problemen führen.*
- *Wenn das Kurzzeitgedächtnis nachlässt, versuchen ältere Erwachsene, ihr Leben wieder in ein Gleichgewicht zu bringen, indem sie auf frühere Erinnerungen zurückgreifen. Wenn die Sehstärke nachlässt, sehen sie mit dem „inneren Auge“. Wenn ihr Gehör immer mehr nachlässt, hören sie Klänge aus der Vergangenheit.*
- *Schmerzliche Gefühle, die ausgedrückt, anerkannt und von einer vertrauten Pflegeperson validiert werden, werden schwächer. Schmerzliche Gefühle, die man ignoriert und unterdrückt, werden stärker.*
- *Einfühlung/Mitgefühl führt zu Vertrauen, verringert Angstzustände und stellt die Würde wieder her.*

Ich hoffe, meine Lieben, dass Ihnen dieses Wissen hilft, Verständnis für einen lieben Demenzkranken aufzubringen. Wenn wir es verstehen, fällt es uns leichter zu akzeptieren und in Liebe damit umzugehen.
Angehörige von Demenzkranken brauchen sehr viel Geduld und Kraft für diese schwierige Lebenssituation.

Unterstützung der Betreuer und Pfleger
Nicht nur der Patient benötigt Pflege, sondern auch die pflegende Person benötigt Zuwendung, Beratung und Unterstützung. Pflegende Angehörige müssen diese Belastungen oft Tag und Nacht, über Monate und manchmal auch Jahre aushalten. In dieser Situation kommt oft das Gefühl auf, man wäre ganz alleingelassen. In öffentlichen Einrichtungen stehen dem Pflegepersonal Supervisionen zur Verfügung. Bei pflegenden Familienangehörigen sieht die Situation oft ganz anders aus.

Diese Menschen brauchen:

- *Soziale Kontakte und Zuwendung*
- *Wertschätzung und Anerkennung*
- *Verständnis für ihre Situation*
- *Unterstützung und Beratung*
- *Aussprache über Dinge des täglichen Lebens*
- *Vertrauensperson für offene Gespräche*
- *Auszeit, um neue Kraft zu schöpfen*

Vielen Menschen hilft allein schon, wenn sie einen tieferen Sinn in ihrer Anstrengung sehen. Ich bin voll Bewunderung für eine alte Dame, die sich im Alter zwischen 81 und 84 selbstlos um ihren kranken Mann gekümmert hat. Die Liebe und Selbstverständlichkeit schenkte ihr die nötige Ausdauer. Dieses Ehepaar war 61 Jahre lang verheiratet gewesen.

Es ist für mich immer wieder berührend zu sehen, wie alte Menschen einander selbstverständlich Halt geben. Für sie ist es nicht zuletzt die

Erfüllung des viele Jahrzehnte zurückliegenden Eheversprechens: *„Ich will dich lieben, achten und ehren alle Tage meines Lebens, in guten und in schlechten Zeiten, in Gesundheit und Krankheit, bis dass der Tod uns scheidet.“*

Sie haben einander damals die jungen Hände gereicht –

Hände zum Halten und Heben,
Hände zum Streicheln und Führen,
Hände zum Fühlen und Salben,
Hände zum Spielen und Arbeiten,
Hände zum Zeigen und Tasten,
Hände zum Geben und Nehmen,
Hände zum Falten und Beten.

Gut bewährt zur Unterstützung von pflegenden Angehörigen haben sich auch Selbsthilfegruppen, wo den Betroffenen die Möglichkeit gegeben wird, sich über ihre Schwächen, ihre Ängste und Probleme auszutauschen. Pflegende Personen sollen dazu ermuntert werden, auch an sich selbst zu denken. Es ist keinem geholfen, wenn der Pflegende unter den Belastungen der Pflege zusammenbricht. Also, achten Sie darauf, erste Anzeichen von Überlastung nicht auf die leichte Schulter zu nehmen. Es ist keine Schande, Hilfe in Anspruch zu nehmen. Man kann und muss nicht alles selbst machen.

Pflege der eigenen Seele bedeutet für mich:

- *eigene Wahrnehmungen beachten*
- *Freud und Leid spüren*
- *Worten und Musik lauschen*
- *dem Körper etwas Gutes tun*
- *meinen eigenen Körper spüren*
- *über Leid mit anderen sprechen*
- *Beten – das heißt, still werden, bis ich Gott höre!*

Eigene Wahrnehmung bedeutet, auf den persönlichen Energiehaushalt zu achten: Ruhe und Entspannung, Schlaf, gesundes Essverhalten, Stimmung wahrnehmen, Motivation fühlen, den eigenen Atem hören, Gedanken aufkommen lassen.

Freud und Leid spüren: Körperruhe wahrnehmen, Dankbarkeit annehmen, Sonne im Herzen bewahren, sich über Kleinigkeiten freuen, Umarmungen zulassen, Tränen loslassen und Schmerz zulassen.

Worten und Musik lauschen: Still sitzen und nur zuhören, dem Vogelgesang lauschen, Morgengedanken im Radio hören, Lieder singen, tiefe und helle Töne wahrnehmen, den Wind hören und einen Gottesdienst feiern.

Dem Körper etwas Gutes tun: Massage, Berührungen, Lachen, Bewegung, Meditation, genießen und fasten.

Meinen eigenen Körper spüren: Kraft und Müdigkeit, Schmerz, Freude und Trauer, Friede und Zorn, Druck, Kälte und Wärme, Eifersucht und Liebe spüren.

Über Leid mit anderen sprechen: Hilfe annehmen, ein Gespräch auf den Punkt bringen, Tod und Trauer darf kein Tabu sein, schöne Texte schenken und daraus Kraft ziehen, Vertrauen wecken – nicht missbrauchen.

Beten heißt: In mich hinein hören bis ich Gott höre, am Meer sitzen und in die Weite schauen, beim Autofahren den Schutzengel mitfahren lassen, unter einem Gipfelkreuz Gott nah sein, Wallfahrten beschreiten, ein stiller Spaziergang im Wald, „Vater unser" beten und stille Andacht im Gotteshaus.

Emotionaler Halt

Eine Geschichte aus dem Leben

Wünschenswert wären perfekte Familien, in denen reine Lebensfreude und gute, fröhliche Erziehung das Fundament für die kindlichen Entwicklungen wären. Doch nicht immer werden Kinder in gesunde stabile Familien hineingeboren. Manchmal zeigt sich das Leben geballt schwierig. Frühkindliche emotionale Defizite führen dann häufig in eine Stress-Spirale, die oft erst im Erwachsenenalter aufgearbeitet wird. Haben Kinder hingegen das Glück, Liebe und Geborgenheit in einer intakten Familie zu erleben, dann entwickeln sie durch diese emotionale Grundfeste das wichtige Urvertrauen, das uns Menschen offen und mit Freude das Leben leben lässt.
Die berührende Geschichte von Herrn H. zeigt, wie schwer ein Mensch manchmal zu tragen hat: Seine Mutter musste aufgrund von Komplika-

tionen bei der Schwangerschaft ihren Sohn im Krankenhaus zur Welt bringen (1954 war das eher die Ausnahme). Die Ärzte stellten nach der Geburt des Babys eine starke Wirbelsäulenkrümmung (Rundrücken) fest. Seine Mutter, die noch drei weitere Kinder zu Hause hatte, konnte jedoch nicht länger im Krankenhaus verweilen. Wie es das Schicksal so wollte, gebar eine andere Mutter aus der gleichen Stadt am selben Tag ihren Sohn ebenfalls in diesem Haus. Dieser Mutter tat der kleine Junge so leid, dass sie sich nicht nur um ihren eigenen Sohn kümmerte, sondern auch um den kleinen H. Doch diese Mama verließ nach geraumer Zeit mit ihrem kerngesunden Kind das Krankenhaus. So musste der kleine H. das erste Jahr seines Lebens zumeist alleine im Gipskorsett im Krankenhaus verbringen.

Leider verlor H. sowohl seine Eltern als auch eine seiner Schwestern sehr früh. Er war sehr oft unglücklich über sein gesamtes, von Beginn an sehr schweres Leben, was wir sehr gut nachempfinden können. Als er 19 Jahre alt war, traf er zufällig seine Amme von damals und sie vertraute ihm das wunderschöne Geheimnis an.

Sie erzählte ihm, dass er zu Beginn seines Lebens nicht immer alleine gewesen war. Sie hatte nicht nur ihrem Sohn die Muttermilch gegeben sondern auch ihm, dem kleinen H. Nun musste er vor Rührung weinen und war seiner Amme, die er erst nach 19 Jahren bewusst kennenlernte, sehr dankbar – und er war doch ein wenig glücklich. Die Freundschaft zwischen ihm und seiner Amme besteht noch heute. Auch ich bin froh darüber, dass ich Herrn H. zu meinen Freunden zählen darf.

Wenn ich mit Menschen Freud und Leid teile, bleibt sehr oft eine innige Freundschaft als Geschenk.

„Am Ende wird alles gut – wenn es noch nicht gut ist,
dann ist das Ende noch nicht da!“
(Hoffnungsfroher Satz eines unbekannten Autors)

Seelenpflege

Es reiben sich die Menschen auf
in vielen kleinen Fehden,
vergessen auf dem Trümmerfeld:
Gott schenkte uns einst Eden.

Die Kleinigkeiten machen krank,
vergiften unser Sein.
Statt Brot dem Nächsten anzubieten,
ergreifen wir den Stein.

So jagt die Welt nach Nichtigkeiten,
vergöttert falsche Schätze,
doch fragt die Seele nach dem Sinn
verstummen Antwortsätze.

Der Zeitgeist predigt Schönheitswahn,
man soll den Körper stählen,
doch wenn man nur die Körper pflegt
verhungern bald die Seelen.

Den Mensch, der sich zum Himmel streckt,
und sei es kurz vorm Ende,
erwartet in der Ewigkeit
der Gott der sanften Hände.
(Hans-Georg Wigge)

Sterben und Tod

Kapitel 6

Sterben und Tod

Fürchtet Euch nicht! (Lk 2,10b)

Sterben und Tod gehören zum Leben und trotzdem ist es manchmal so schwierig für uns Menschen, diesen natürlichen Lebensrhythmus anzunehmen. Doch nur wenn wir akzeptieren, können wir ein sinnerfülltes Leben führen. Sterben und Tod dürfen kein Tabu sein. Wir sollten uns einfach damit auseinandersetzen, das Leben und das Sterben als natürlichen Kreislauf anzunehmen. Selbstverständlich lösen Sterben und Tod bei uns Emotionen aus, mit denen wir nicht jeden Tag konfrontiert sind, das heißt, wir haben nicht viel Erfahrung mit diesen Grenzbereichen unseren Seelen. Wir sind unerfahren und daher ängstlich ablehnend. Wenn wir es aber schaffen, dass wir das Ende unseres Lebens als natürlich anerkennen und uns während unseres Lebens darauf einstellen und sogar darauf vorbereiten, dann müssen wir uns nicht davor fürchten. Ich achte und liebe das Leben und habe Ehrfurcht vor dem Sterben.

Durch Verdrängen und Ablehnung dieser Thematik muss oftmals in dieser Lebensphase professionelle Hilfe angenommen werden. Es ist gut, dass es heute diese Hilfe gibt, weil das natürliche Erleben wie früher im Rahmen der Großfamilie im Dorf in der heutigen Gesellschaftsstruktur sehr schwer möglich ist und vielfach verlorengegangen ist.

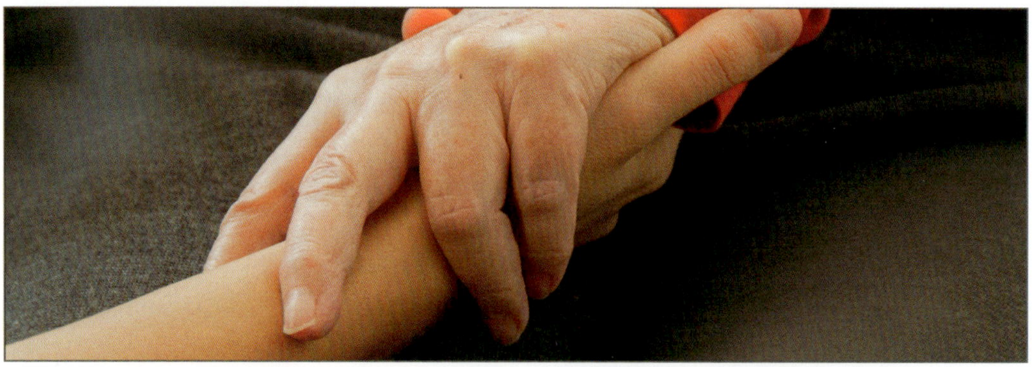

Leben und Sterben im Kreislauf
Meine eigenen Gedanken zu dem Thema „Sterben im Lebenskreislauf“ helfen mir, das Unvermeidliche zum gegebenen Zeitpunkt anzunehmen.

Nach den sonnigen Tagen kommt die Zeit, zu der:

- *die Früchte geerntet werden,*
- *sich die Wälder verfärben,*
- *die Blätter zu Boden fallen,*
- *das Licht grauer wird,*
- *der Nebel einfällt,*
- *mehr Feuchtigkeit in der Luft liegt,*
- *der nasskalte Wind durch unsere Haare bläst.*

Wenn wir Menschen den Sommer schwinden sehen, die Tage kürzer und die Lebensjahre dahingehen – dann werden wir nachdenklich, ändern oft unsere Einstellung zum Leben und überdenken unsere Wertewelt. Bisher wichtige Dinge und auch manche Menschen verlieren an Bedeutung. Öffentliche Funktionen und Anerkennung durch Andere, Äußerlichkeiten und Besitz – all das verliert an Glanz, wenn die wahrscheinliche Lebenserwartung allmählich sinkt. Nun wird allein das Wesentliche wichtig – das Leben selbst. Wir wollen es nicht verlieren, es nicht tauschen gegen völlig Unbekanntes auf der anderen Seite des Weges.

Dieser Abschnitt in unser aller Leben – die Zeit, in der wir bewusst an den Abschied von dieser Welt denken, die Zeit, in der wir spüren, dass das Ende naht – kann uns Angst machen oder als Chance erkannt werden. Die noch verbleibende Zeit soll uneingeschränkt positiv erlebt werden, mit allem, was dem Menschen noch wichtig ist. Um das Leben im Hier und Jetzt als „glücklich" zu empfinden, die kleinen Gesten und Ereignisse im Alltag mehr zu beachten, dafür braucht es Demut und Dankbarkeit. Auch unscheinbare Dinge können ein erfülltes Leben ausmachen und uns Menschen zu glücklichen Menschen werden lassen.

Wir Angehörige oder sonst Nahestehende können daraus lernen, dass wir schon früher Bilanz ziehen sollten, dazu muss der Tod noch nicht um das Haus schleichen. Jeder Tag könnte auch der letzte sein – fragen wir uns heute, was uns wirklich wichtig ist im Leben? Wenn wir uns vorstellen, wir hören die Grabredner bei unserer eigenen Beerdigung – was wollten wir dann hören über unser Leben?

Schreiben Sie in dieses Buch,
was sie gerne über sich hören würden:

....

....

Nun leben Sie Ihr Wunschleben, denn man wird über Sie sagen, was man wahrgenommen hat!

Oft beginnt für besonders sensible Menschen der Abschied vom Sommer in die ruhende Zeit der Natur mit einer sogenannten „Herbstdepression".

Folgende Merkmale machen eine Herbstdepresssion aus:

- *Antriebslosigkeit*
- *Müdigkeit*
- *Appetitlosigkeit*
- *Verschlossenheit*
- *Traurigkeit*
- *Launenhaftigkeit*
- *Schlaflosigkeit*

Mit Schlaflosigkeit kommt unser Körper ganz gut zurecht – nach einigen Tagen des Mangels fordert unser Körper sein Recht und wir schlafen wieder einen gesunden Erholungsschlaf. Diese Weisheit hat mir vor vielen Jahren eine Kollegin verraten und ich kann sie in der Zwischenzeit vielfach bestätigen.

Herbstdepression kann man auch von der positiven Seite betrachten. Der Sinn einer Herbstdepression liegt darin, dass die Natur zur Ruhe kommt und dass die Tiere ihren verdienten Winterschlaf halten können. Der Körper braucht – um sich wieder von den sommerlichen Aktivitäten zu regenerieren – genauso eine Ruhephase wie die Natur. Meistens verbringe ich in so einer Phase Zeit am Kachelofen, um meinen Rücken zu wärmen. Man kann diese Zeit nützen, um es sich zu Hause bei einem heißen Tee und einem spannenden Buch so richtig gemütlich zu machen. Oft gehe ich bewusst noch früher ins Bett, um meine Müdigkeit zu überwinden, gönne mir auch sündhafte Naschereien um meine Seele zu streicheln. Ich telefoniere mit Freunden, wenn ich mich einsam fühle oder schenke mir ein Baderitual mit Kerzenlicht. Auch wenn man sich noch so grau fühlt, es hilft wirklich, sich einfach dem Wetter entsprechend anzuziehen und hinaus in die Natur zu gehen und sich dort die Kraft zu holen.

Unser Leben läuft grundsätzlich nicht immer nach Plan. Dadurch wissen wir auch nicht den Zeitpunkt unseres Sterbens. Spüren wir das Ende nahen und haben ausreichend Zeit, alle wichtigen Dinge in unserem Leben noch zu ordnen und eventuelle Konflikte auszuräumen, dann können wir meistens den Tod friedlich annehmen. Haben wir uns während eines sonst erfüllten Lebens nie mit dem Tod auseinandergesetzt und kommt er plötzlich – meist sind die Menschen dann natürlich auch noch jung –, dann entladen sich Emotionen, rasch und stark wie ein Sommergewitter. Empfundene Ungerechtigkeit und Wut lassen den Sterbenden oft nicht zur Ruhe kommen und der ohnehin endgültige schwerste Lebensschritt fällt unendlich viel schwerer.
Leben und Sterben gestalten sich sehr individuell, daher gibt es kein Patentrezept, wie man damit am besten umgeht. Es gibt nur viele Erfahrungen und ich möchte Ihnen einige Gedanken anbieten, was Sie im Leben beachten sollten, damit der letzte Schritt nicht unnötig schwer wird.

Krankensalbung
Ungelöste Konflikte, Streit und Sünde erschweren uns Menschen das Sterben. Vor allem gläubigen Menschen fällt der endgültige Abschied leichter, wenn sie Vergebung finden und getröstet durch das Heilige Sakrament der Krankensalbung gestärkt diese Welt verlassen können. Wenn Menschen alt werden, stellt sich ein langsames Nachlassen ihrer geistigen und körperlichen Leistungsfähigkeit ein, viele werden krank, manche sterbenskrank. Für all diese Menschen kann und soll eine „Krankensalbung" hilfreich sein. Gläubige warten damit nicht, bis der Moment des Sterbens ganz nah ist, sondern ersuchen schon früher einen Priester, ihnen das Heilige Sakrament zu spenden. Der Priester salbt mit gesegnetem Öl die Stirn und die Handinnenflächen und spricht das Gebet. Dadurch erfahren die Menschen Stärkung für die Seele und spüren oft neue Kraft im Körper.

Sterben nach Konflikten und Streit

Jeder Mensch sollte bedenken: „Jedes Wort, das du an einen Menschen richtest, könnte das letzte sein.“ (Mein persönlicher Morgengedanke)

Folgende Konfliktauslöser sollten beherrschbar sein, um Streit zu vermeiden:

- *Unsicherheit*
- *Wut*
- *Verletzung*
- *Traurigkeit*
- *Missverständnis*
- *Neid*
- *Schadenfreude*

„Schöne Worte sind nicht immer wahr und wahre Worte sind nicht immer schön.“

Bei Streitgesprächen geht es in den meisten Fällen nur um die Macht. Man versucht sein Vorhaben, seinen Willen durchzusetzen, indem man sein Gegenüber emotional kleiner macht. Meistens verwendet man eine bestimmte Lautstärke und machtvollen Ton. Viele probieren auch, andere Menschen mit Kritik zu verunsichern. Das ist oft sehr verletzend und das Selbstwertgefühl wird herabgesetzt.

Wie gehe ich mit Konflikten um:

- *bei mir bleiben – meine innere Mitte stärken*
- *das Problem der Anderen nicht zum eigenen machen*
- *durchatmen und klar denken*
- *hinterfragen, warum der Andere so denkt*
- *das Gespräch auf den Punkt bringen*
- *Sprachlosigkeit überwinden und zur eigenen Meinung stehen (ein Weinviertler Ausdruck: ‚Redens afoch zruck‘)*
- *darüber nachdenken, was ich persönlich aus dem Konflikt lernen kann*

Je nach Temperament äußern sich die Menschen bei Konflikten. Introvertierte Menschen schlüpfen in ihr Schneckenhaus zurück. Das löst manchmal körperliche Schmerzen und Traurigkeit aus. Extrovertierte Menschen hingegen sind sehr oft Choleriker und haben ihre Gefühle manchmal nicht im Griff. Sie brüllen ihren Unmut lautstark heraus, lassen die Türen knallen, andere nicht zu Wort kommen und sind daher oft gefürchtet. Positiv zu erwähnen wäre, dass man durch die intensive Gefühlswelt beim Choleriker immer weiß woran man ist. Introvertierte Menschen machen mich bei einem Konflikt oft sehr unsicher, weil ich sie schwer einschätzen kann, hauptsächlich helfe ich mir durch das Deuten der Körpersprache meines Gegenübers (das ist übrigens die ehrlichste Sprache).

Wie verhalte ich mich in Situationen mit beiden Menschentypen:

Ich versuche immer, den Menschen genau zuzuhören. Einfache Wörter spiegeln das Gefühl der Seele. So möchte ich Ihnen jetzt erzählen, was dieses Kapitel mit dem Sterben zu tun hat. Manchmal sagt man: „Das habe ich nur so gesagt", aber meist haben diese Worte im Hintergrund eine tiefere Bedeutung. Jedem Wort eilt ein Gedanke voraus!
Vor vielen Jahren begleitete ich ein Ehepaar in einer schwierigen Situation. Der Ehemann vertraute mir in langen Gesprächen seine Verletzungen und die daraus entstandenen Gefühle wie Wut und Traurigkeit an. Plötzlich beendete er ein Gespräch mit folgenden Worten: „Jetzt ist sie für mich gestorben!"
Erschüttert dachte ich lange über dieses endgültige Wort „sterben" nach. Ich beobachtete diesen Freund über längere Zeit und erkannte, was er gemeint hatte.
Er hatte mit diesem Problem abgeschlossen. Für mich bedeutet das, dass das „Sterben der Gefühle" für den Anderen nach einem Konflikt auch zu einem positiven Abschluss kommen kann. Sterben heißt nicht immer tot sein! Beendigung eines Konfliktes bedeutet auch Freiheit für etwas Neues!

Fehlgeburt und Kinder-Sterben

Der natürliche Lebenskreislauf lässt Eltern vor Kindern sterben – das ist ein trauriges Ereignis. Wie viel schmerzhafter ist es dann erst, wenn Eltern ihre Kinder verlieren und sie sterben sehen?

Auch mit sterbenskranken Kindern muss man unbedingt ehrlich umgehen, denn sie spüren selbst scheinbar noch viel sensibler, wie es um sie steht. Sie wollen die ihnen verbleibende kostbare Zeit noch so gut wie möglich nützen. Schenken Sie dem kranken Kind einfach Ihre Zeit und lassen Sie sich dabei von Ihren Gefühlen leiten. Die meisten schwerkranken Kinder können offen und frei über ihre eigene Endlichkeit reden. Sie wollen wissen, was danach kommt. Da diese Frage niemand ehrlich beantworten kann, hilft den Kindern ihre Phantasie. Viele träumen sich in einen hellen Stern, in einen Schmetterling oder wunderschöne Schneeflocken ...
Kinder sehen keine Endgültigkeit, sie wollen ein Danach. Sie helfen uns so, sie immer und überall in Erinnerung bei uns zu behalten. Kinder sind wunderbar.
Endlich bekommt man vom Arzt die frohe Botschaft einer Schwangerschaft. Freude, Dankbarkeit, Glückseligkeit, Neugierde, Zukunftspläne, freudige Erwartung und Angst sind Gefühle, die werdende Eltern in dieser Zeit begleiten.
Das Schlimmste, das werdenden Eltern passieren kann ist, dass sie das ungeborene Kind schon vor der Geburt verlieren. Für eine werdende Mutter ist es ein großes Drama, weil sie mit der Nabelschnur am innigsten mit dem neuen Leben verbunden ist. Unsere schnelllebige Zeit hat es leider auch mit sich gebracht, dass heute werdende Mütter viel öfter ihr Kind verlieren als zu früheren Zeiten. Dazu muss man sagen, dass früher viele Fehlgeburten aus Schamgefühl verschwiegen wurden und diese betroffenen Frauen mit ihrer Trauer alleingelassen wurden.

Heute gibt es vielerorts die Möglichkeit, dass die Eltern von ihren totgeborenen Lieblingen würdig Abschied nehmen können. Für alle totgeborenen Frühgeburten findet eine kostenlose Beisetzung im anonymen Babygrab statt.

Und wenn du bei Nacht den Himmel anschaust,
so ist es dir, leuchten tausend Sterne.
Weil ich auf einem von ihnen wohne,
weil ich auf einem von ihnen lache.
Und wenn du dich getröstet hast,
wirst du froh sein, mich gekannt zu haben.
(Antoine de Saint-Exupery)

Unerwartetes Sterben und Suizid
Wenn jemand unerwartet aus unserer Mitte gerissen wird, bleiben wir Hinterbliebenen oft in einem Schockzustand zurück. Gerade hat man noch gemeinsame Pläne geschmiedet und plötzlich ist die Welt eine andere. Den nahestehenden Menschen gibt es auf einmal nicht mehr. Sein Platz in unserem Leben ist leer. Wir bleiben ohnmächtig, im Schock erstarrt zurück und benötigen oft sehr lange Zeit, das Geschehene anzunehmen.

Wenn ein plötzlicher Unfall den Tod hervorgerufen hat, dann zeigt uns das Leben, wie wichtig es ist, nicht im Streit auseinandergegangen zu sein, damit man inneren Frieden hat. Wenn es sich um Selbstmord handelt ist es für die Zurückgebliebenen oft noch eine Spur härter; dann suchen wir nach Antworten und viele Fragen bleiben offen. Unsere Seele schwebt und findet keine Ruhe und keine Möglichkeit, das Unfassbare zu begreifen.

Hilfestellungen für solche Situationen:

- *den Verstorbenen ansehen*
- *Menschen suchen, die zuhören können*
- *Seelsorge in Anspruch nehmen*
- *Selbsthilfegruppen*
- *Ritual mit einem Bild des Verstorbenen*
- *hinterfragen der Schuldgefühle*
- *Unerledigtes bereinigen*

Den Verstorbenen ansehen: Es ist für die Hinterbliebenen wichtig und erfordert sehr viel Mut, den so unerwarteten Tod eines geliebten Menschen zu akzeptieren. Um dieses Ereignis zu realisieren, ist es wichtig, den verstorbenen Menschen nochmals zu berühren, ihn lange anzusehen, um ihn gut in Erinnerung zu behalten und bewusst von ihm Abschied zu nehmen. Das hilft den meisten Menschen, die unerwartete Situation anzunehmen.

Menschen suchen, die zuhören können:
„Wes das Herz voll ist, des geht der Mund über." *(altes Sprichwort)*
In schwierigen Lebenssituationen brauchen wir Menschen jemanden, der zuhören kann, dem wir uns anvertrauen können. Auserwählte Menschen hören unsere Lebenssituation; durch das wiederholte Erzählen wird es für uns begreifbare Wirklichkeit und wir lernen langsam mit der Situation umzugehen. Suchende Menschen finden heutzutage auch gleichgesinnte Gesprächspartner in verschiedenen „Chat-rooms".

Seelsorge in Anspruch nehmen: Es gibt viele Möglichkeiten, Seelsorge in Anspruch zu nehmen. Einerseits bieten die örtlichen Pfarrämter persönliche Gespräche zu allen Lebensfragen an. Andererseits gibt es bei der Telefonseelsorge eine gute Möglichkeit anonym sein Herz auszuschütten. Der Psychosoziale Notdienst und auch das Internet bieten ebenfalls Hilfestellung in seelischen Nöten an.

Selbsthilfegruppen: In vielen Städten und auch immer öfter in ländlichen Gegenden sind professionell geführte Selbsthilfegruppen zu finden. Anlaufstellen sind die örtlichen Pfarren, Krankhäuser, Gemeindeämter oder das Internet.

Ritual mit dem Bild eines Verstorbenen: Durch meinen Beruf als Fotografin komme ich sehr oft mit Kunden ins Gespräch, die mir von ihren lieben Verstorbenen erzählen. Ich erzähle ihnen dann oft mein eigenes Ritual, wie ich meinen Verstorbenen einen würdigen Platz in meiner Wohnung eingeräumt habe.

Das erste persönliche Schreiben, das ich nach dem Tod meiner Mutter erhielt, hatte einen besonders wichtigen Satz für mich als Geschenk: „Ilse, Du hast Deine Mutter gehen lassen müssen, aber dafür einen Schutzengel geschenkt bekommen.“ Es waren sehr tröstende Worte. Daher steht in meiner Wohnung auf einem besonderen Tisch ein schlichter Schutzengel, ein Bild meiner Mutter und eine flackernde Kerze. Beim Betreten des Wohnzimmers schweift mein Blick oft zum Bild meiner Mutter und ich bin dankbar, dass ich so viele Jahre mit ihr verbringen durfte.

Schuldgefühle: Bei unerwartetem Tod nach ungeklärten Konflikten tauchen oft Schuldgefühle, offene Fragen oder unerledigte Lebenssituationen auf.

Mit welchen Ritualen kann man sich von diesen Belastungen befreien?

- *Sorgen niederschreiben*
- *die Sorgen einer Vertrauensperson erzählen*
- *Zwiegespräch mit dem Verstorbenen führen*
- *einen Brief in das Grab mitgeben*
- *einen Brief an einen Luftballon hängen und steigen lassen*
- *einen Brief an den Verstorbenen schreiben und anschließend verbrennen*
- *Sorgen in einer Flaschenpost versenken*

Meine Lieben, alle diese Rituale klingen im ersten Moment vielleicht etwas romantisch und unrealistisch. Aber Sie werden merken: Dinge, die man mit dem Herzen erledigt, lösen sich viel leichter auf.

Man sagt: „Gesichter sind die Lesebücher des Lebens.“ Ich als Fotografin habe gelernt, viel aus den Gesichtern meiner Mitmenschen lesen zu können.

Vorbereitetes Sterben: Meine Lieben, jetzt gehen wir miteinander einen sehr steinigen Weg. Im Brustkorb wird es immer enger, im Hals bilden sich Knödel, das Herz schlägt schnell und schneller …
Heute Morgen um halb fünf bin ich mit Herzklopfen erwacht und wusste, dass ich etwas ganz Wichtiges niederschreiben muss. Das Thema „Sterben", das jeden von uns berührt und dem sich doch niemand entziehen kann.

Ich durfte in meinem Leben schon viele Menschen begleiten, die sich auf ihren letzten Weg vorbereiteten. Es berührt mich immer wieder mit demutsvoller Hochachtung und ich möchte Ihnen gerne über meine Gefühle zu diesem Thema erzählen.
Ich habe bei meiner ehrenamtlichen Tätigkeit die Besuchszeiten sehr bewusst geplant. Der Grund hierfür liegt darin, dass ich für mich einen Schutzmantel benötige, um meine Kräfte einzuteilen. Umso näher das Ende der Menschen herankam, umso mehr Zeit schenkte ich ihnen.
Zu Beginn meiner Begleitung versuchte ich, meine mir Anvertrauten wöchentlich zu besuchen. Sobald sich ihr Zustand verschlechterte, erhöhte ich meine Besuche auf zwei- bis dreimal wöchentlich. Telefonischer Kontakt bestand fast täglich auf Wunsch der Angehörigen. Es ist jedoch wichtig, darauf zu achten, nicht in den engeren Kreis der Familie einzudringen.
Bei Menschen, bei denen ich mich selbst im engeren Kreis befinde, gibt es für mich natürlich keine Uhr. Ich versuche für meine engsten Vertrauten immer eine besondere Situation zu schaffen, sei es, dass ich sie mit einem gemeinsamen Frühstück überrasche oder sie am Abend liebevoll zudecke.
Im Krankenhaus, in dem meine Mutter ihre letzten Tage verbrachte, durften wir sie jederzeit besuchen – für diese Toleranz bin ich heute noch sehr dankbar. Mir persönlich war es eine große Hilfe, dass ich mit den Ärzten und dem Pflegepersonal sehr offene Gespräche führen durfte. Dadurch wurde meine Sensibilität sehr geschärft und ich kann seither noch viel besser auf die Bedürfnisse der hilflosen und oft psychisch niedergeschlagenen Menschen eingehen.

In vielen Krankenhäusern gibt es mittlerweile sehr gute Palliativ-Teams. Wenn das Leben durch Krankheit vom Sterben bedroht ist, spätestens dann setzen wir uns für das Leben ein. Palliative Care ist ein Ansatz zur Verbesserung der Lebensqualität von Patienten und deren Angehörigen, die mit einer lebensbedrohlichen Erkrankung konfrontiert sind. Es geht um die Vorbeugung von Beschwerden und Linderung von Leiden.

Zu den Aufgaben eines Palliativ-Teams gehören:

- *unterstützende Gespräche zur Krankheitsbewältigung*
- *Beratung bei medizinischen, pflegerischen, psychosozialen und spirituellen Fragestellungen*
- *individuelle Schmerztherapie*
- *Linderung von Begleitsymptomen (Übelkeit, Atemnot, Obstipation, ...)*
- *Begleitung von Angehörigen*
- *Entlassungsmanagement unter Einbeziehung aller Betreuer*
- *Aufbau eines Versorgungsnetzwerkes in enger Kooperation mit allen Betreuern (Hausarzt, Hauskrankenpflege, Mobiles Hospizteam, ...)*
- *Vermittlung von ehrenamtlichen Besuchsdiensten des Mobilen Hospizes*
- *Betreuung auch außerhalb des Krankenhauses*
- *Begleitung und Gespräche mit Patienten und Angehörigen, um ein Leben bis zuletzt und Sterben in vertrauter Umgebung zu ermöglichen und Ansprechpartner über den Tod hinaus zu sein.*

Hospiz

Ich erinnere daran: Ein Hospiz ist ein Ort, an dem Menschen in einer sehr persönlich gestalteten Umgebung professionell gepflegt werden, wenn das zu Hause nicht mehr möglich ist.

Meine Freundin I. wird derzeit von einem äußerst liebevollen Team begleitet und ich habe die Möglichkeit, sie täglich zu besuchen. Für eine Begleitperson stehen jederzeit die Türen offen. Es gibt keine vorgeschriebene Besuchszeit, dadurch kann man diesen Menschen sehr viel Zeit schenken. Die Mitarbeiter versuchen, eine harmonische Atmosphäre zu schaffen und erfüllen den Gästen nach Möglichkeit alle Wünsche. Sie gehen sehr behutsam und einfühlsam mit den Menschen um und gewährleisten optimale Pflege.

Einer der schwersten Momente tritt dann ein, wenn ein betroffener Patient darum bittet, ihm die Wahrheit über seinen Krankheitszustand zu sagen In dieser Situation muss man sehr bedacht mit der Antwort umgehen, man soll vorsichtig ehrlich sein und darf trotzdem dem Betroffenen nicht die Hoffnung nehmen. Es ist vernünftig und warmherzig, nur die im Moment gestellte Frage zu beantworten (keine Geschichten erzählen).

Ein guter Freund schenkte mir ein symbolisches Bild über die Hoffnung: „Stell Dir vor, Du schwimmst im Atlantik und Du hast nur noch ein Stück Holz, das Dich über Wasser hält. Auf diesem Stück Holz beruht Deine ganze Hoffnung."

**Das Wichtigste, das wir jetzt noch zu geben haben,
sind Liebe, Kraft und Hoffnung!**

*„Nimm einem Menschen nie die Hoffnung;
es ist vielleicht das Letzte was er hat."*

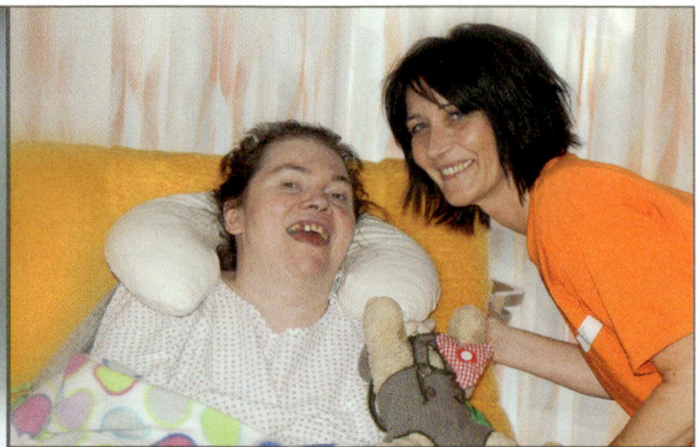

Die letzten Stunden vor dem Tod

Ich darf Ihnen jetzt ein sehr persönliches Erlebnis zum Tod meiner Mutter erzählen.

Der Wunsch unserer Familie war, dass unsere Mutter zu Hause würdevoll sterben konnte. Leider war dies aus medizinischen Gründen letztendlich nicht möglich.
Also bat unser Hausarzt, der mehrmals täglich unsere Mutter besuchte, dass wir sie in eine Klinik bringen sollten. Ein sehr wertvolles Team wartete bereits auf meine Mutter und sie wurde fachmännisch untersucht. Leider war ihr Kreislauf schon sehr schwach und so durften wir mit unserer geliebten Mutter nur noch ihre letzten Stunden teilen. Meine Mutter war ihr ganzes Leben lang ein sehr strukturierter Mensch, der versuchte, immer alles zu planen und diese Pläne auch zu verwirklichen. Als selbständige Geschäftsfrau hat sie ihre vier Kinder jeweils an einem Sonntag zur Welt gebracht. Auch zum Sterben hat sie sich den Sonntag ausgesucht, wahrscheinlich um uns die Gelegenheit zu geben, in Ruhe von ihr Abschied nehmen zu können. In einem eigens dafür vorbereiteten Zimmer hatten wir – der engste Familienkreis – die Möglichkeit, uns von unserer Mutter und Ehefrau zu verabschieden. Um Ihnen etwas von dieser Atmosphäre zu erzählen, möchte ich Ihnen meine Gefühle beschreiben.

Wenn man weiß, dass die Mutter nur mehr einige Atemzüge zu leben hat, wächst die Familie ganz eng zusammen. Wir saßen alle im gleichen Boot, jeder wusste das Ziel und es wurde über unsere Beziehung zwischen uns allen sehr offen gesprochen. Jeder hatte auch die Möglichkeit mit unserer Mutter Zeit alleine zu verbringen.
Ich besprach mit ihr noch viele für mich wichtige Angelegenheiten und versprach ihr, in ihrem Sinne meine Versprechen bis zu meinem Lebensende einzuhalten.
Diese innige Geschwisterliebe und das gemeinsame Erlebnis des Abschiednehmens von einem geliebten Menschen an diesem Sonntag wird mich ein Leben lang begleiten.

Um 13.55 Uhr bereiteten ein sehr netter Arzt und ein fürsorglicher Pfleger uns darauf vor, dass jetzt der traurige Moment gekommen war und wir sahen am Monitor wie der Kreislauf immer schwächer wurde. Um 14.00 Uhr machte unsere Mutter ihren letzten Atemzug.
In diesem Augenblick spürte ich, wie sich die Erde mit dem Himmel verband und die Zeit ihren Atem anhielt.

Wir reichten einander die Hände; der Pfleger R. stellte sich hinter mich und hielt mich ganz fest an den Schultern. Ich danke ihm für diese wertvolle Stütze in dieser schweren Stunde. Vielleicht können Sie auch mit dieser Geste Menschen in schweren Stunden helfen.

Nach einiger Zeit öffneten wir das Fenster, ließen die klare Nachmittagsluft in das Trauerzimmer und die Seele unserer Mutter konnte an diesem sonnigen Tag ins Universum schweben.

Meiner Mutter Hände

Sie waren nie glatt, fein und gepflegt,
sie waren stets rissig, schwielig und spröd.
Ihre raue Haut hat mich sorgend umhüllt,
und ich hab dabei ihre zarte Liebe gefühlt.
In meiner Mutter Hände.

Sie haben meine ersten Schritte gestützt
und mich vor jedem Unheil beschützt.
Sie haben oft meine Stirn befühlt
und die heißen Wangen des kranken Kindes gekühlt,
meiner Mutter Hände.

Sie haben tröstend mein Haar berührt
und mich in ein eigenes Leben geführt.
War auch die Welt zu mir feindlich und kalt,
sie waren mir immer Hilfe und Halt,
meiner Mutter Hände.

Sie haben geputzt, genäht und geflickt
und oft bis spät in die Nacht gestrickt.
Sie haben die Tränen mir aus dem Gesicht gewischt,
oft war'n sie erschöpft, nur ich merkte es nicht,
meiner Mutter Hände.

Nun sind sie alt geworden und müd',
so wie die Rose im Herbst verblüht.
Lass' sie mich halten, Mutter, Deine Hände
bis an das Lebens Ende.

Wir haben Deine Hände gehalten – und Du bist ruhig geworden,
wir haben mit Dir gesprochen – und Du hast uns aus der Ferne gehört,
wir waren bei Dir – bis zuletzt, bis das Licht erlosch –
wie die Kerze im Winde. (Eva Honsa)

Jetzt wird es in meinem Herzen sehr still, ich bin momentan sehr ruhig und danke Ihnen, dass ich einen meiner berührendsten Momente mit Ihnen teilen darf.

Ich lebe mein Leben in wachsenden Ringen

Ich lebe mein Leben in wachsenden Ringen,
die sich über die Dinge zieh'n.
Ich werde den letzten vielleicht nicht vollbringen,
aber versuchen will ich ihn.

Ich kreise um Gott, um den uralten Turm,
und ich kreise jahrtausendelang;
und ich weiß noch nicht: bin ich ein Falke,
ein Sturm oder ein großer Gesang.
(Rainer Maria Rilke)

Kapitel 7

Trauer nach einem Todesfall

Er wird alle Tränen von ihren Augen abwischen. (Offb21,4a)

Tod bedeutet Abschied und Schmerz und Trauer braucht Zeit, um die Seele wieder heil werden zu lassen. Trauer ist trotzdem ein schmerzhafter Prozess. Endgültiger Abschied durch Tod tut unendlich weh – die Seele weint – und Trauer heilt!

Alles zu seiner Zeit!

- *Glück genießen*
- *Freude empfinden*
- *Lust fühlen*
- *Ideen umsetzen*
- *Erfolg feiern*
- *Höhepunkte erleben*
- *im 7. Himmel schweben*

... wer diese positiven Phasen bewusst erleben kann, der kann auch Trauer besser durchleben und gestärkt weiterleben.

Schockzustand

Der geliebte Mensch weilt nicht mehr unter uns. Er liegt da, atmet nicht mehr, wird nie wieder lachen oder etwas sagen, er reagiert nicht mehr und hat uns verlassen. Es ist Realität – aber wie sollen wir Hinterbliebenen mit diesem Schmerz umgehen? Dieser Zustand ist uns ziemlich fremd – endgültig Abschied nehmen zu müssen gehört nun doch nicht zu unserem Alltag.

Ich fühle mich so …

… machtlos
… fassungslos
… ohnmächtig
… traurig
… wütend
… gefühllos
… verlassen.

Natürlich treten diese Gefühle bei einem plötzlichen Tod wie Unfall, Herzinfarkt etc. meist stärker auf. Hat man jemanden schon über längere Zeit begleitet, sei es bei Krankheit oder alte gebrechliche Menschen, dann hat man sich geistig meist schon ein wenig auf die Situation vorbereitet und der „Schock“ sitzt dann nicht so tief. Trotzdem ist die Realität außerordentlich belastend. Das Endgültige an der Situation tut uns entsetzlich weh und auch unsere eigene Endlichkeit wird uns in diesem Moment wieder bewusst.
Bei vielen Menschen entsteht durch den Verlust eine große Leere. Plötzlich fallen viele Verpflichtungen weg, sie fehlen jetzt, auch wenn man diese vorher als Belastung empfunden hat. Auf einmal ist da niemand mehr, den man pflegen muss oder dem man einen Krankenbesuch abstatten kann. Man fühlt sich nicht mehr gebraucht. Auf einmal können wir nichts mehr gut machen oder wieder-gut-machen.
Das Unabänderliche ist sehr schwer zu begreifen. Wir sind völlig von Schmerz und Traurigkeit erfüllt. Es ist wieder ein Zeitpunkt gekommen, an dem wir innehalten und auf der Landkarte unseres Lebens neue Orientierung suchen. Es hilft, diese Zeit bewusst auch als Schutz und Chance zur eigenen Regenerierung zu sehen.

Die Vorbereitungszeit für die Beerdigung

Wenn die Möglichkeit besteht und man die Kraft dazu hat, ist es empfehlenswert, den geliebten verstorbenen Menschen selbst zu waschen und anzukleiden. Ich bin dankbar, dass ich die Gelegenheit hatte, meine Mutter selbst anzukleiden, sie zu frisieren und auch zu fotografieren.

Ich werde dieses Erlebnis immer in meinem Herzen tragen. Es braucht im Leben Balance und Vernunft. Unserer traurigen Seele hilft nun, dass wir in dieser schweren Zeit vieles erledigen müssen.

Was ist bei einem Trauerfall zu tun und zu besorgen:

- *Todesanzeige (4-fach bei Hausabholung oder rosa Schein vom Standesamt)*
- *Grabdaten (Friedhof, Gruppe, Reihe und Nummer der Grabstelle) oder Namen und Beerdigungsdatum eines bereits im Grab Beerdigten*
- *Versicherungspolizzen (für jede Gesellschaft eine Abschrift aus dem Sterbebuch)*
- *Foto des Verstorbenen (falls Bildparte oder Andenkenbild gewünscht)*

Dokumente des Verstorbenen:

- *Geburtsurkunde*
- *Staatsbürgerschaftsnachweis*
- *Heiratsurkunde*
- *Meldenachweis*
- *Bei Verwitweten: Abschrift aus dem Sterbebuch bzw. Sterbeurkunde des Ehepartners*
- *Bei Geschiedenen: Scheidungsurteil*
- *Bei Akademikern: urkundlicher Nachweis des akademischen Grades*
- *Bei nichtösterreichischen Staatsbürgern: Reisepass*
- *Sozialversicherungsnummer*
- *Bank benachrichtigen*
- *Grabrede - Priester*

Folgende Überlegungen müssen die Hinterbliebenen anstellen, falls der Verstorbene selbst weder Vorkehrungen getroffen noch konkrete Anweisungen gegeben hat:

- *Erd- oder Feuerbestattung*
- *Friedhof, Grabstelle*
- *Einsegnung durch einen Geistlichen oder Trauerredner*
- *Parten, Dankkarten, Gedenkbilder*
- *Zeitungseinschaltungen*
- *Blumenspenden (Kränze etc.)*

In unserem Fall hat mein Bruder Willy Puchner die Parte und das Andenkenbild selbst gestaltet. Auch die Messe haben wir sehr persönlich arrangiert.

Abschiednehmen

Ich persönlich habe mich schon vor dem Tod meiner Mutter sehr stark mit Trauer auseinandergesetzt, da ich durch den frühen Tod meines Vaters schon wusste, wie schwer diese Zeit für mich werden wird.

Das Buch, das mir als Kind nach dem Tod meines Vaters geschenkt wurde – „Das Bild der Mutter“ von E.M. Waldhof – hat mich vor dem Tod meiner Mutter wieder in meine Kindertrauer zurückversetzt, ich konnte weinen und habe so mit der traurigen Situation besser umgehen können.

Schafft man die notwendige Trauerarbeit nicht alleine, dann ist therapeutische Unterstützung auch bei einem Abschied eine wertvolle Hilfe.

Sinn der Trauer

Trauer bedeutet, Leid und Schmerz zu überwinden und ist daher eine sehr wertvolle Gemütsverfassung. Aus Trauer kann und soll man Kraft für das weitere Leben schöpfen. Trauer ist einfach eine natürliche und richtige Reaktion auf Verlust und Abschied.

Die Trauer findet in mehreren Phasen statt. Zuerst wollen wir die für uns so schreckliche Wahrheit nicht wahrhaben, dann kommen sehr oft Gefühle wie Zorn oder Angst über uns. Wir würden die Realität gerne verdrängen und unsere lieben Verstorbenen wieder bei uns haben wollen. Deshalb träumen wir manchmal von ihnen. Wir wollen uns zumindest gerne an sie erinnern; dazu hilft uns, wenn wir uns an gemeinsame Erlebnisse erinnern, wenn wir Fotos um uns haben oder positive Plätze besuchen können.

Haben wir das Unabänderliche akzeptiert, dann hat der liebe Verstorbene endlich einen Platz in unserem Herzen gefunden.

Das wichtige Ritual von Beerdigung und Friedhofgang ist für uns Menschen so hilfreich, weil dadurch alles seinen richtigen Platz im Leben hat.

Trauerbewältigung

Der Beginn meiner Trauer war, dass ich mein Telefon in die Hand nahm und alle Menschen anrief, die mir etwas in meinem Leben bedeuten. Mit ihnen wollte ich über den Tod meiner geliebten Mutter sprechen. Die Reaktionen und Gespräche halfen mir, mit dem schweren Verlust umgehen zu lernen. Durch die vielen Gespräche mit den unterschiedlichsten Menschen erhielt ich viele Rückmeldungen, die mir bei der Orientierung meiner Trauerarbeit eine große Unterstützung waren. Aus jedem Satz zog ich eine Lebenslehre.

Bereits 4 bis 6 Wochen nach dem Tod meiner Mutter konnte ich mich schon sehr bewusst mit der Trauerarbeit auseinandersetzen. Was für die heutige Zeit weder aktuell noch üblich ist, ist das Tragen von schwarzer Kleidung als äußeres Zeichen der Trauer. Früher hielt man eine nach außen sichtbare Trauerzeit von 6 bis 12 Monaten für angemessen. Durch die dunkle Kleidung wird nichts verdrängt, sondern eher öffentlich gemacht. Für mich war die schwarze Kleidung auch ein Schutz für meine Seele. Manche Menschen sind einfach behutsamer mit mir umgegangen, andere hatten eine sehr moderne Meinung und konnten nichts mit Trauerkleidung anfangen. Durch die Trauerkleidung ist der Seelenzustand für jedermann ersichtlich. Dadurch bietet sich auch vermehrt die Möglichkeit, über das Thema „Trauer“ zu sprechen und es damit auch aufzuarbeiten. Unsere Art zu trauern ist natürlich – wie alles im Leben – sehr individuell.

Nach dem Begräbnis wird einem von Menschen aus dem Umfeld häufig Hilfe angeboten; diese beiläufig angebotene Hilfe stellt sich in weiterer Folge leider oft als „leere Worte“ heraus. Ich habe durch diese sehr harte schwierige Situation lernen können: „Versprich nur, was du auch halten kannst.“ Es gab Leute, die zu mir sagten: „Wenn es dir schlecht geht, dann ruf einfach an oder schicke ein Mail!“ Wie kann man, wenn man sich klein, schwach und alleingelassen fühlt jemanden anrufen oder e-Mails versenden? Ich habe in dieser schweren Zeit ein sehr persönliches Geschenk bekommen. Ein naher Verwandter rief mich sehr oft an und fragte nach meinen Gefühlen. Eines Tages brach ich in Tränen aus und erzählte ihm, dass ich jeden Tag mit meiner Mutter telefoniert hatte und es würde nie mehr so werden. In der Leitung wurde es still – wir wussten beide nicht, was wir sagen sollten. Er als über meine Gefühle Betroffener war kurz sprachlos, dann kam eine sehr ungewöhnliche Antwort: „Ilse, weißt du was, ich rufe dich ab jetzt jeden Tag an." Dieser wertvolle Mensch hält bis heute sein Versprechen und ich bin sehr dankbar dafür. Heute verbindet uns eine wahre Freundschaft, wir können miteinander streiten, lachen, Sorgen teilen, einfach füreinander da sein.

In meiner Trauerzeit hatte ich auch viel Kontakt mit mehreren betroffenen Witwen, wo ich selbst sehr viel über meine Gefühle lernen durfte, weil sich auch diese Frauen öffneten und wir über unsere Gefühle sprechen konnten. Aktive Trauerarbeit bedeutet, innerlich loszulassen, sich neu zu positionieren und neue Wege zu gehen.

Wenn ich heute noch manchmal sehr traurig bin, dann erinnere ich mich sehr gerne an folgende starke Sätze, die sich in mein Herz geschrieben haben:

„Jede deiner Tränen ist eine Perle für deine Mutter."

„Du hast die Mutter verloren, aber einen Schutzengel bekommen."

„Einige Menschen bleiben für immer,
denn sie hinterlassen Spuren in unseren Herzen."

„Die Erinnerung ist das einzige Paradies,
woraus wir nicht vertrieben werden können."

„Nach jedem Tief kommt wieder ein Hoch –
nach Regen kommt Sonnenschein."

„Tot ist nur, wer vergessen ist."

„Deine Mutter ist nicht mehr hier, aber sie lebt in Dir weiter."

Mit der Zeit legte ich mir einige Rituale zu, um mit meiner Trauer gut umzugehen:

- *Ein netter Priester schenkte mir eine CD mit zwei berührenden Trauerliedern, die ich mir sehr oft anhöre und die mich zum Weinen bringen und meinen Schmerz lösen.*
- *Ein spontaner Besuch des Grabes meiner Mutter gibt mir wieder Kraft.*
- *Gespräche mit den Geschwistern trösteten mich.*
- *Erinnerungen an die Trauergruppe lassen mich ruhig werden.*
- *Rückzug an den meiner Mutter gewidmeten Platz im Haus mit Bild, Schutzengel und Kerze schenkt mir Kraft.*
- *Mich am Abend in meiner Mutter Nachthemd kuscheln lässt mich Nähe zu ihr spüren.*
- *Langsam verabschiede ich mich von Gegenständen (neue Zuordnung ...).*

Das Trauerjahr sollte man auch dazu nützen, sich in dieser Zeit ganz intensiv mit dem Verstorbenen geistig auseinanderzusetzen. Für unsere Seele ist ein Jahr wichtig! Alles hat seine Zeit!

Trauer und Versöhnung in Liebe

Männer und Frauen trauern auf unterschiedliche Art und Weise. Durch die Erziehung haben Männer im Allgemeinen einen ganz anderen Zugang zur Trauer. Sie werden dazu erzogen, stark und tapfer zu sein und versuchen, die Situation oft nur realistisch zu betrachten. Sie wenden sich schneller neuen Zielen zu; trotzdem sind Männer oft nicht so hart wie sie sich gerne geben. Ich konnte manchmal von ihren nüchternen Gesprächen einiges lernen und mitnehmen. Es ist wie es ist – und jeder hat die Chance auf seine Art die Trauer auszuleben.

Wenn es für Sie gut ist, dann führen Sie mit ihren lieben Verstorbenen auch Zwiegespräche bzw. halten Sie ihre Gedanken und Gefühle in einem Brief fest. Sie werden sehen, es kann befreiend wirken, wenn Sie Themen, für die Sie im Leben keine Zeit mehr hatten, im Nachhinein noch behandeln.

Lassen Sie sich nicht abhalten, wenn Ihre Mitmenschen meinen, es sei genug getrauert. Nehmen Sie sich die Zeit, die Sie benötigen.

Um wieder ins „normale“ Leben zurückzufinden ist es wichtig, dass man den ersten Todestag bewusst gestaltet und erlebt. Danken Sie dem lieben Verstorbenen für die Zeit, die Sie miteinander verbringen durften und auch für alles, was Sie von ihm lernen durften.

Gönnen Sie sich einen langgehegten Wunsch und lassen Sie ihre Phantasie tanzen!

....

....

....

Was es ist

Es ist Unsinn, sagt die Vernunft.
Es ist was es ist, sagt die Liebe.
Es ist Unglück, sagt die Berechnung,
es ist nichts als Schmerz, sagt die Angst.
Es ist aussichtslos, sagt die Einsicht.
Es ist was es ist, sagt die Liebe.
Es ist lächerlich, sagt der Stolz,
es ist leichtsinnig, sagt die Vorsicht.
Es ist unmöglich, sagt die Erfahrung.
Es ist was es ist, sagt die Liebe.
(Erich Fried)

Das Leben geht weiter – Neue Wege – Neue Ziele

Meine Lieben, mich lässt der Gedanke über „Lebenswege“ einfach nicht los: Das Leben läuft selten auf geradlinigen, glatten und ebenen Wegen, vielmehr entdecke ich Erdwege und Graswege, Sandwege und Irrwege, Umwege sowie Licht- und Schattenwege. Welcher Weg führt uns zu unseren Zielen? Welcher Weg ist der beste, der kürzeste, der angenehmste? Ich wünsche Ihnen bei Ihren Entscheidungen eine ausgewogene Balance zwischen Kopf und Herz.

Wir sind jetzt schon fast am Ende unserer gemeinsamen Reise angelangt. Ich habe Sie in mein Herz blicken lassen. Mein Herz war voll, voller Bedürfnis, viele Menschen an meinem reichen Lebensschatz teilhaben zu lassen. Ich hoffe auch, dass Sie einige Anregungen gefunden haben, um Ihren Lebensweg positiver und angenehmer gehen zu können. Ich hoffe, ich konnte mit meinen Worten und Bildern Ihre Herzen erreichen.

„Man sieht nur mit dem Herzen gut.
Das Wesentliche ist für die Augen unsichtbar.“
(Antoine de Saint-Exupery)

Danksagung

Herzlich danken möchte ich meinem allerbesten Freund, dem lieben Gott, der mir so viele Ideen und gute Gedanken schenkte.

Ich danke meiner Familie: meinem Mann Rudi für sein Verständnis und seine Begleitung sowie meinen beiden Töchtern Heidemarie und Ilse für ihre einfühlsame Unterstützung bei der grafischen Gestaltung des Buches. Ich danke meinen Geschwistern Willy und Renate für ihren Zuspruch und Petra für das Lektorieren.

Meinen Freundinnen Regina und Maria danke ich für die vielen inspirierenden Gespräche und die Ermutigung zum Verfassen dieses Buches. Mein tiefer Dank bezieht sich an dieser Stelle auf die kompetente und intensive Unterstützung bei der Umsetzung meines Buchprojektes, weil sie mir sehr viel Zeit widmeten.

Mein besonderer Dank gilt Herrn LR Mag. Karl Wilfing für sein offenes Vorwort. Stellvertretend für die Stadtgemeinde Mistelbach bedanke ich mich bei Herrn Bürgermeister Dr. Alfred Pohl für das großzügige Entgegenkommen und bei Herrn Mag. Klaus Dundalek für seine finanzielle Zuwendung. Dies erleichtert mir die Erfüllung meines Herzenswunsches: Mit dem Großteil des Erlöses aus diesem Buchprojekt ein sehr krankes Kind mit besonderen Bedürfnissen finanziell zu unterstützen.

Last not least danke ich Frau Martha Plößing für die Auswahl der Bibeltexte und Pater Martin für seinen seelischen Beistand.

Ich danke allen Menschen, die sich als Modell vor meine Kamera wagten.

Weiters danke ich allen, die zur Entstehung dieses Buches beigetragen haben, es lesen und weiterempfehlen.

Meine Lieben,

ich lade Sie ein, hier all das niederzuschreiben, was Ihnen persönlich wichtig ist!

....

....

....

....

....

....

....

....

....

....

....

....

....

....

....